ディズニーで学んだ人がグングン伸《の》びる39《サンキュー！》の方法

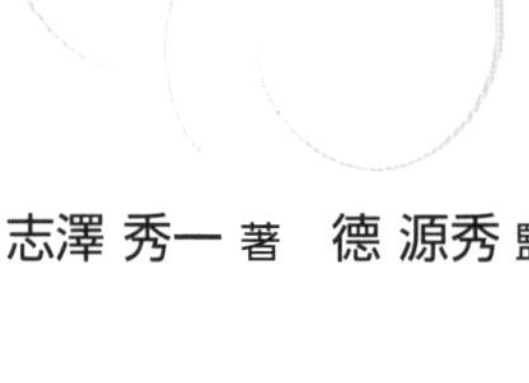

志澤 秀一 著　德 源秀 監修

すばる舎リンケージ

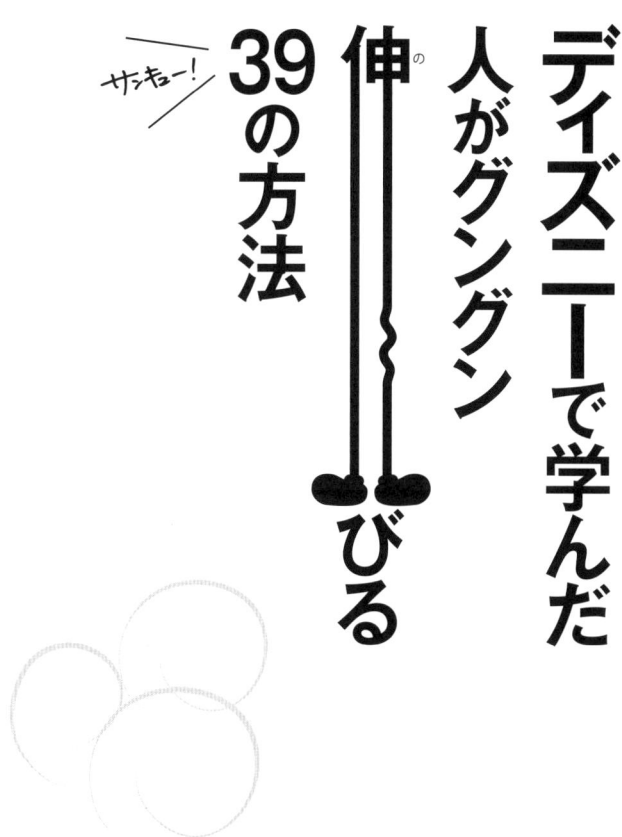

はじめに

●ディズニーパークの魔法の源泉とは?

ディズニーランドにディズニーシー。

本書を手にとっていただいた皆さんなら、「夢と魔法の王国」と呼ばれる、このテーマパークに、一度は訪れたことがあることでしょう。

そんな「夢と魔法の王国」のキャスト（スタッフ）が生み出す素晴らしいサービスについて、ときに「ディズニーマジック」と、称《たた》えられることがあります。

ゲスト（お客様）が持っていたバルーン（風船）を空に飛ばしてしまったときに、「どうぞ」と同じバルーン（風船）をお渡しするサービス・リカバリー。

バースデーシールをつけたゲストに、キャストが「お誕生日、おめでとうございます！」と口々に祝うあたたかいコミュニケーション。

マジック（魔法）のような、**胸に響くサービスの根底には、ある秘密が隠されていたのです。**

それは、〝リコグニション〟です。

〝リコグニション〟とは、

「相手を認め、受け入れる」

ことです。

ディズニーでは、ゲストへの応対の奥深いところで、「相手を認め、受け入れる」ことを重視しています。

それによって、すべてのサービスが、ディズニーらしい味付けをほどこされていると言っても良いでしょう。

たとえば、来園されたゲストに「こんにちは」と挨拶するとき、〝リコグニション〟があるかないかでまったく違った印象になります。

指示に従って義務的に「こんにちは」と挨拶しているような場合、そこに「相手を認め、受け入れる」という意識は働いていません。

よく言われる〝形だけの挨拶〟がそれであり、当然ホスピタリティのかけらも宿していません。

その反対に、ゲストを心から受け入れる意識を持っている場合には、

「ディズニーパーク（東京ディズニーリゾート）に来てくださって、ありがとうございます。どうぞ、最高の1日を過ごしてください」

という気持ちが挨拶に乗っています。

だから、ゲストも思わずあたたかさに引き込まれて、「こんにちは」と挨拶を返してくださるのです。

ディズニーマジックは、そうしたキャストの心から生み出されると言っても良いでしょう。

●なぜ、ディズニーのスタッフは自発的に成長するのか？

さて、本書では、そんな素晴らしいキャストたちを率いる、ディズニーのリーダーたちにスポットをあてます。

彼らは新人キャストをはじめとした後輩たちと太い絆《きずな》でつながり、面倒見が良く、

教え上手です。

後輩にとって良き見本となり、また自らがディズニーキャストとして輝きを放っています。

バックステージ（ディズニーパークでキャストしか入ることのできないエリア）では、より親しみ深く、人との間に垣根《かきね》がありません。

けれども、仕事となったら決してぶれることがなく、グッドショーとバッドショーについては明確に判断し、バッドな（良くない）物事には厳しく対処します。


こんな資質を持ち、ディズニーパークの運営を支える、ディズニーのリーダーたち——彼らのリーダーシップの根源こそ、実は先に述べた〝リコグニション〟なのです。

ディズニーでは、リーダーが、新人、後輩、その他の一般キャストに対して、「相手を認め、受け入れる」という〝リコグニション〟のマインドをはっきり持っているのです。


たとえば、新人キャストの受け入れにあたって、あるディズニーのリーダー（この場合は、トレーナー）はこう言います。

「こんにちは、〇〇さん。私は、あなたが来てくれるのを楽しみに待っていました」

ここには、言外に〝さあ、あなたもディズニーの仲間だ。これから一緒に素晴らしい体験をゲストに提供しよう！〟という受け入れの気持ちが働いています。

これは、会社から義務付けられたものではありません。**30年にもわたって新人キャストのトレーニングを行う中で、ディズニーのリーダーに培《つちか》われてきた〝リコグニション〟のマインドが言わせた言葉なのです。**

こうしたふれあい・思いやりを、ディズニーのリーダーは常に発揮しています。

新人キャストに対してだけでなく、成長過程にある後輩キャストへのアドバイスや教育の際でもそれは同じです。

また、自分が受け持っているキャストが、ミスや不手際《ふてぎわ》を犯してしまったときのたしなめや指導では、思いやりがさらに増します。

ディズニーのリーダーの対応には、必ず目の前のキャストを「認め、受け入れる」という〝リコグニション〟の心があるのです。

それこそが、キャストが自発的に成長していく大きな原動力なのです。

●ディズニーで学んだ 人がグングン伸びる方法とは?

では、キャスト(メンバー)を自発的に成長させるために、ディズニーのリーダーたちは、キャスト(メンバー)と具体的にどのようなコミュニケーションをとり、リーダーシップを発揮しているのでしょうか?


本書では、その方法を39個にまとめました。

彼らが実践する、**「リコグニションに基づいたディズニー流のリーダーシップ」**は、普遍的な人間関係のルールに基づいており、極めて自然です。

メンバーをグングン成長させ、チームを導いて行くために、リーダーは、まずチームのメンバー1人ひとりを「認め、受け入れる(リコグニションする)」ことが重要

なのです。

メンバー1人ひとりを認め、受け入れることができない限り、リーダーとメンバーは、いつまでも他人の関係のままです。それでは、メンバーが最高のパフォーマンスを発揮することは難しいでしょう。

本書で述べる、「リコグニションに基づいたディズニー流のリーダーシップ」はディズニーだけに可能なものではありません。

どの会社でも、どの職場でも、「やろう」と決心すれば必ず実践できるものです。

誰もが、ディズニーのリーダーのように、メンバーをグングン伸ばすことができ、まわりから慕われるリーダーに成長することができるのです。

これは仕事だけに限らず、教育や子育てなどにも応用することができます。

本書の39の方法を実践し、人がグングン成長していく喜びを、思う存分味わっていただけたら、こんなに嬉しいことはありません。

ディズニーで学んだ　人がグングン伸びる39の方法　もくじ

Chapter 3

メンバーの長所を引き出すコミュニケーションを行う

Chapter 4
メンバーが伸びる ほめ方と叱り方

Chapter 5
フィードバック＆質問でメンバーを育てる

Chapter 6

チームワークを引き出す

Chapter 7

困難に対処する

装丁／本文デザイン：中西啓一（panix）

【参考文献】
『ディズニー精神が教えてくれる心がつながる魔法』（德 源秀、ワニブックス刊）

※本文中に登場する商品名、企業名、ブランド名、サービス名などは、一般に商標として登録されています。ただし、本書では煩雑になるのを避けるため、®表記などは省略しております。

Chapter 1

相手を認め、受け入れる心の姿勢を整える

1 理想はミッキーマウスのようなリーダー

●メンバーが自発的に「(何かを) してみたくなる」か?

「リコグ、してるかい?」

本書の執筆中、久しぶりにディズニーランドを訪ねてみると、そこには以前と変わらぬキャストの姿がありました。なつかしさを覚えつつも、本書のテーマが頭に浮かび、目はリーダーの姿を追ってしまいます。

そして、やはり以前と変わらぬ振る舞いで、キャストとゲストに目を向け、ときにはそっとキャストにアドバイスするリーダーの姿を確認すると、「あぁ、やっぱり」と嬉しさがこみ上げてきました。

彼らが発揮する、リコグニション（相手を認め、受け入れること）をベースにしたリーダーシップこそ、いま多くの職場で求められているものだと実感したからです。最近の仕事に共通するのは、外に向けても内に向けても、人と人のつながりを大切にして行こうという考え方です。

こうした働き方をするチームでは、上から目線のリーダーシップは求められません。

メンバーが自発的に成長するために、リーダーが行うべきことは、

メンバーに「（何かを）させる」ことではなく、

メンバーが「（何かを）してみたくなる」ようにすること

なのです。

●ミッキーマウスのように「慕われる」リーダーになる

本書では、ディズニーのリーダーをモデルに、新しいリーダーシップのあり方について、掘り下げて行きます。それこそが、ディズニーで、メンバーがグングン伸びている最大の原動力だと考えるからです。

ディズニー流のリーダーシップは、リーダーが他のメンバーに「ついて来い」という関係の上に成り立っているわけではありません。

逆に、**メンバーがリーダーに対して信頼感を持ち、「あの人のようになりたい」「あの人と一緒に仕事がしたい」「あの人についていきたい」という気持ちになることによって成り立っています。**


では、そのようなキャストの思いはどこから生まれてくるのでしょうか?

実は、その元をたどると、そこにはリーダーがキャストのことをしっかり「認め、受け入れている」という構図が浮き上がってきます。


ディズニーランドで、両手を開いて「ウエルカム!」とゲストを迎える、ミッキーマウス。

言うなれば、あの姿がディズニー流リーダーのイメージです。

さぁ、ミッキーマウスのようなリーダーになるための一歩を踏み出しましょう。

2 バックステージでもディズニースマイル

●「入りやすいお店」を目指す

「相手を認め、受け入れる」なんて、自分の器が相当大きくないとできないのでは……？

そう考える人がいるかもしれません。

たしかに、その人のすべてを包み込むと考えると、それは大変なことです。

でも、そんなふうに難しく考える必要はありません。

たとえば、あなたにとって**入りやすいお店と入りにくいお店**がありますね。**話しやすい人と話しにくい人**もいるでしょう。

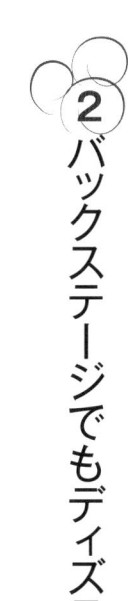

それは、きっと、ちょっとしたことがあなたに作用しているからではありませんか。

相手を認め、受け入れる第一歩は、あなたと向き合った相手に、「入りやすい（接しやすい）」「話しやすい」と感じてもらうことです。

●笑顔で「心の扉」を開く

ディズニーでは、そのためにまず必要なのは〝**笑顔**〟だと考えています。

ゲスト同様キャストに対しても、ディズニースマイルで接することが大切なのです。


カタい表情やそっけないしぐさは、相手を拒否していることの表れです。

そういう人を見たら、誰でも「接しにくい」「話しにくい」と感じるでしょう。

逆に、笑顔を浮かべた柔らかい表情の人に会うと、「接しやすい」「話しやすい」と思います。


あなたの職場に、お客様に対する場合は自然に笑顔で対応していても、職場で部下や後輩に対しては無表情、というリーダーはいませんか。

そういうリーダーは、部下や後輩に「接しにくい」「話しにくい」と思われていることでしょう。

あなたをはじめ、まわりの部下や後輩も、そのリーダーに対しては、心の距離があるのではないでしょうか。当然、そういう心の距離を作ってしまうと、ディズニー流のリーダーシップは働きません。メンバーものびのび働くことができません。

ですから、そういうときは、**まず、笑顔です。**

「おはよう！」「今日もよろしく！」――そんな挨拶と一緒に、笑顔です。

笑顔は、閉じていたあなたの心の扉を開きます。**笑顔は、「扉は開いているよ！」というサインになる**のです。

「お疲れ様！」「ありがとう！」――そんな声かけと一緒に、笑顔です。

笑顔は感謝を伝えます。

「お疲れ様！」の一言がルーティンで発せられたのではなく、**あなたの思いを乗せ**

ていることを笑顔は証明します。

笑顔がチームのメンバーとの距離を縮めてくれ、メンバーを受け入れることにつながるのです。

●笑顔でリーダーに抜擢

ディズニーで本当にあったバックヤードの出来事です。

ある女性が、ディズニーランドのオンステージ（ディズニーパークでゲストが見ることのできるすべてのエリア）で働きたいという思いを持ってキャストになりました。彼女はセキュリティオフィサー（警備係）に配属されましたが、与えられた持ち場はバックステージのゲートでした。社員や納入業者の出入りをチェックするのが主な仕事です。

華やかなオンステージで働きたいと思っていた彼女はショックでしたが、仕事に慣れるにしたがい、この場で自分にできることは何かを考えるようになりました。

そして、ディズニーユニバーシティ（ディズニーパーク内の教育施設）で最初に教えられたことを思い出し、どんなときでも笑顔で明るく挨拶をすることにしました。

やがて、**社内外で「ゲートにすごく元気で、笑顔いっぱいの挨拶をするキャストがいる」という評判が立つようになりました。**

「あの子に挨拶されると、気持ちが明るくなる」

そんな声が聞こえ始めるとともに、ゲートを通る人たちの挨拶も明るいものになりました。彼女は**バックヤードにディズニーマジックを生じさせた**のです。

その後、彼女は素晴らしいキャストとして表彰され、念願だったオンステージに配属されました。

この女性キャストはオンステージでもキャリアを積み、素晴らしいリーダーに育って行ったことは言うまでもありません。

3 部下や後輩にも「VIP対応」する

●メンバーが「安心感を持てるような眼差《まなざ》し」で見守る

「相手を認め、受け入れる」ということは、安心して扉の中に入って来てもらうことです。そのときに、笑顔とともに大事なことがあります。

それは、〝**見る**〟ことです。

ただし、ミスを見つけるためにネガティブに見るのでは、それは監視ということになります。それでは当然、信頼関係は作れません。

部下や後輩が、「いつも見ていてくれるんだ」とポジティブに受け取り、安心感を持てるような眼差《まなざ》しで見ることが大切です。

これについても、ディズニーの出来事を挙げてみたいと思います。

あるとき、ショップの運営に注力し、多くのキャストから信頼されている商品部の男性スーパーバイザーが退職することになりました。

キャストとしての最後の日、仕事を終えると、ささやかなお別れのセレモニーが行われました。彼がキャストたちに向けてパークでの思い出を語り、感謝の挨拶をすると、それを目に涙をためて真剣に聞いている若い女性キャストがいました。

挨拶の後、彼は彼女のところにやって来て、こう言葉をかけてくれました。

「あなたはちょっと、おっちょこちょいなところがあるけど、仕事は人一倍がんばっていたね。キャストとしても1人前に成長した。ずっと見ていたからわかるよ。そんな人を育てられて良かった、ありがとう」

彼女はあふれる涙をこらえながら、「ありがとうございました」と返すことしかできませんでした。

後日、彼女はこのときのことを他のキャストにこんなふうに話しています。

「私だけでなく、キャスト1人ひとりを見守り、気遣い、にこやかに接してくれる先輩でした。最後に『ずっと見ていたから』と直接声をかけてくれたときは、『一緒に働けて良かった！』という思いが湧《わ》き上がり、涙が止まりませんでした」

メンバーにとって、リーダーのあたたかい視線は、元気、勇気、励まし、やる気につながります。

また、「最後の最後は私がいるから」というメッセージになり、**安心感**を生みます。だからこそ、**リーダーはメンバーへの声かけなどを通じて、メンバーに「見ている」ことをアピールする必要がある**のです。

●すべてのキャストもVIP

ディズニーでは、ゲストに対する接し方を「すべてのゲストがVIP」というキーワードで表しています。

これは言葉どおり、すべてのゲストにVIPとして接するという姿勢を表していますが、具体的には、「1人ひとりのゲストを見ること」「ゲストがしたいことを想像すること」「したいことを先回りしてお手伝いすること」です。

その姿勢が、ゲストの心に感動を生み出し、「ディズニーにまた来たい！」という気持ちの源泉になっています。

この考え方は、リーダーのキャストへの働きかけに置き換《か》えることができます。

・1人ひとりのキャストを見る
・キャストがしたいこと（困っていること）を想像する
・したいこと（困っていること）に対して、アドバイスやサポートをする

まさに「すべてのキャストもＶＩＰ」です。

これはディズニーに限ったことではありません。どんな職場やチームでも一緒です。メンバーをＶＩＰとして扱うことで、メンバー1人ひとりが、「このリーダーのために働きたい」「この人についていきたい」「この職場で一生働きたい」と思ってくれるのです。

4 たくさんの〝ものさし〟を持つ

●少数派を大切にする

あなたのチームに、他のメンバーと波長《はちょう》が合わないという人がいるかもしれません。
あるいは、あなた自身が何となくしっくり来ないと感じるメンバーもいるでしょう。
でも、**そういう相手こそ、認め、受け入れてほしいのです。**

「あの子は仕事ができない」「あの子はやる気がない」「あの子は変わっている」

そうレッテルを貼るのは簡単です。
しかし、たくさんの人が集《つど》えば、いろいろな個性の人がいるのは当然です。
同じ仕事を身に付けるにしても、速くできる人となかなかできない人がいます。

ある仕事を教えたとき、それを他の仕事に応用できる人もいれば、1つひとつ教えなければできないという人もいます。

「10人のうち9人はできている。できないのは1人だけ。だから、この1人はおかしいのかなぁ……」

たしかに、そう思う気持ちもわかります。

でも、あなたが、メンバーの自発的な成長を願い、ミッキーマウスのように、まわりから慕われるリーダーを目指すのであれば、そうした少数派の人こそ受け入れることが大切なのです。

●長所を見てあげる

そのときに重要なのが、**「たくさんの〝ものさし〟を持つ」**ということです。

言い換《か》えれば「1つの〝ものさし〟で測ろうとしない」ということになります。

あなたが1つの〝ものさし〟しか持っていなければ、その〝ものさし〟で測って合格か不合格ということになってしまいます。

でも、たくさんの〝ものさし〟を持っていれば、1つの〝ものさし〟で不合格でも、別の〝ものさし〟ならば合格になるかもしれません。


たとえば、あるディズニーのリーダーの部下に、シャイな性格で、人前でなかなか笑顔が出ない、新人キャストがいたとします。

リーダーは、その新人キャストにどう接したらいいのでしょうか？


こういうタイプの人に、「もっと笑って」と言っても、簡単なことではありません。

そして、笑顔をゴリ押ししていくと、周囲のキャストに「あの人はキャストに向いていない」という評価ができてしまいます。

新人キャストの胸には「嫌な仕事だ」という苦手意識が定着してしまうでしょう。

それが引き金になって、新人キャストが辞めていくことだってあるのです。

そうならないためにも、**ディズニーのリーダーは、「笑顔」という〝ものさし〟だけで、新人キャストを測ることはありません。**

新人キャストが、慣れない接客を一生懸命にしながら、何とか笑顔で対応しようとした瞬間を見逃さずに、次のような言葉をかけます。

「○○さん、いま、あなたの一生懸命な対応はゲストに伝わったと思いますよ。『初心忘るべからず』と言いますが、その気持ちを忘れないでくださいね。スマイルも少しありましたね。慣れれば、もっとスマイルも出ますよ」

「笑顔」という〝ものさし〟ではなく、**「一生懸命」という〝ものさし〟**をあてがうことで、そのキャストのパフォーマンスを評価してあげるわけです。

こういうリーダーのちょっとした言葉に励まされ、後々素晴らしいキャストに育っていく人はたくさんいます。

5 部下や後輩にも礼を持って接する

●親しき仲でも礼儀を重んじる

ディズニーで働くにあたって、必ず理解し、実践しなければいけない行動基準があります。

それは、「ＳＣＳＥ」と言って、次の４つです。

Safety（セーフティー）：安全
Courtesy（コーテシー）：礼儀正しさ
Show（ショー）：ショー
Efficiency（エフィシェンシー）：効率

パークの運営や応対は、すべてこの4つの基準を中心に考え、行動することになっています。また、この4つの基準の中でも最優先は最初のS（安全）で、次がC（礼儀正しさ）→S（ショー）→E（効率）の順であると決められています。

この4つの行動基準は、主にパークの運営やゲストへの対応において意識されますが、実はバックステージにも当てはまることなのです。

中でも、2つ目の「礼儀正しさ」は、キャスト間の行動に深く関わる基準です。

礼儀と言うと、とても堅苦しいことのように思うかもしれませんが、そうではありません。本当に簡単なことなのです。

たとえば、朝の挨拶があります。

ディズニーのリーダーは、出勤してくるキャスト全員に挨拶しているはずです。

しかも、まるでゲストに挨拶するように、キャストの顔を見てアイコンタクトし、笑顔を添えて「おはようございます」と言っています。

それが、ここで言う礼儀です。

●「さん」付けで呼ぶ

また、チームのメンバーをどのように呼ぶかも大切です。

メンバーとの親密さを演出するために、呼び捨てにしたり、「ちゃん」付けで呼ぶという場面に出会うことがあります。プライベートならば、いろいろ前提となる経緯があるのでしょうから、ここでとやかく言うことではないと思います。

しかし、職場や仕事上での関係としては、そのようなコミュニケーションを上手に行える人はごく限られた個性の人であると考えるべきです。

ディズニーでは、全キャストを「さん」付けで呼ぶことがルールになっています。

これがキャスト同士の人間関係づくりにたいへん良い効果を及ぼしています。

「○○部長、これでよろしいでしょうか？」

「○○**さん**、これでよろしいでしょうか？」

前者では、どうしても役職を意識してしまいます。でも、後者ならば、その人自身を意識します。

ディズニーでは、このルールによって全キャストの連帯感が醸成《じょうせい》されています。

ただし、そういうルールがない会社やお店などで、目上の人にあなただけが「〇〇さん」と呼ぶことはできるはずがありません。ですから、これはあなたのチーム内の約束事とすべきでしょう。

「このチームでは、〝さん〟付けで呼ぶことをルールにします」

そう宣言すれば良いのです。

これが定着すると、チームのメンバーもあなたに自然に歩み寄ることができます。

それから、あなたが彼らを「〇〇さん」と呼ぶときには、**アイコンタクトと笑顔を**忘れないようにしましょう。

それが、メンバーを「認め、受け入れる」シンプルな方法です。

6 部下や後輩の成長を自分の喜びとして感じる

●心の中で部下や後輩とつながる

ディズニーのリーダーは、後輩キャストの成長を自分の喜びと感じています。

「後輩が熱心に仕事に取り組み、まわりからほめられると、自分も励みになる」

「自分がトレーニングしたキャストが、パークでがんばってゲストに接しているのを見ると嬉しい」

そんなふうに話すリーダーたちがたくさんいるのです。

また、そのことを責務と言うリーダーもいます。

「後輩キャストが、自信を持ってゲストに接することができるようになることが、先輩の大切な役割です」

このいずれの話からも感じられるのは〝つながり〟です。

ディズニーのリーダーは、後輩キャストと別々に存在しているとは思っていません。

あるときにトレーニングを担当し、その後に勤務時間などが違うために時々しか顔を合わせないトレーニーについても、心の中ではずっとつながっているのです。

それは次のようなエピソードからもわかります。

ディズニーのあるベテランキャストが聞かせてくれた話です。

「学生時代に、アルバイトとしてキャストになった人は、学校の卒業と同時にディズニーも卒業することが多いですよね。

以前に、そうやってパークを去ることになった後輩の送別会のときに、彼がみんなの前で私のことを『○○さんは、私のことを初めてほめてくれた先輩でした』と言ってくれたのです。

自分自身ではまったく記憶になかったのですが、それが彼の支えになっていたと知らされ、それまで感じたことがないくらいの感動が胸に広がって涙が出てしまいました。

それ以来、その後輩の言葉が私の支えになっています。後輩たちを育てることによって、それはやがて自分に返ってくるのだと、今では思っています」

このような関係は次にお伝えする、「あなたがいるから私がいる」という一言に集約されるでしょう。

●「あなたがいるから私がいる」

チームのメンバー1人ひとりと信頼関係を築くためには、リーダーがメンバーに対して、次のような一言を言えるかどうかがカギです。

良いイメージを持っているメンバーには言いやすいかもしれません。

「いつも明るく振る舞って、元気をくれる○○さん、あなたがいるから私がいる」
「チームの裏方として地道な管理を担当する○○さん、あなたがいるから私がいる」

でも、この言葉を、良いイメージを持てないメンバーに対しても、言ってほしいのです。

「営業成績がどうしても上がらない○○さん、あなたがいるから私がいる」
「ミスをしたとトイレで泣いていた○○さん、あなたがいるから私がいる」

まだまだ未熟で、何かうまくいかない事情を抱えているメンバーだからこそ、そのメンバーはあなたを必要としています。

以前お伝えしたことですが、**リーダーに求められるのはチームのメンバーに「(何かを)させる」ことではなく、チームのメンバーが「(何かを)してみたくなる」ようにすることです。**

リーダーは、メンバーが「成長したい」「次は、良い成果を残したい」と思い、それに向かって行くようにサポートしなければなりません。

励ましやアドバイスだけでなく、ともに行動することが求められることもあります。

リーダーに選ばれたあなたには、それができるはずです。

そして、メンバーがリーダーのサポートによって何かをやり遂げることができたのならば、そのメンバーの喜びはリーダーであるあなたの喜びとなるのです。

Chapter

2

リーダーの考え方をメンバーに伝える

7 チームの方針をメンバーに繰り返し伝える

● チームが良いパフォーマンスを生み出す土台になる

リーダーが、メンバーに対して「チームの方針」を伝えることは、チームが良いパフォーマンスを生み出す土台となります。

そのことを理解していただくために、ディズニーパークに伝わる有名な「感動のお子様ランチ」というエピソードを挙げてみたいと思います。

あるとき、ディズニーランドのレストランに、ご夫婦が来園されました。

そのご夫婦はお子様連れではありませんでしたが、「お子様ランチ」を注文したいとおっしゃったのです。

対応したフードサービスキャストが理由をうかがうと、亡くなった娘さんのために注文したいということでした。

事情を理解したキャストは、テーブルに子ども用のイスを用意し、「ご家族3人で楽しんで行ってくださいね」ともてなしたのです。

ご夫婦は運ばれてきたお子様ランチを食べながら、家族3人の思い出にひたり、涙が止まらなかった――とのことです。


このサプライズ演出を行ったキャストが素晴らしいのは、言うまでもないことですが、このドラマの裏側には、もう1人注目すべき人物がいます。

それは、このレストランの店長です。

レストランの店長は、日頃から、次の3つの方針をキャストに繰り返し伝えていたそうです。

①「ゲストが喜ぶためなら、何をやってもいい」
②「現場で、自分で考えて行動しなさい」
③「すべての責任は私がとる」

この3つの方針があったからこそ、キャストは即座に対応することができたのです。

●メンバーが最大限に力を発揮する秘訣

「チームの方針」はリーダーがメンバーに示し、実践すべきものですが、リーダーが自分勝手に設定して良いというものではありません。それは、原則的に次の2つとつながっている必要があります。

1つ目は、会社や職場の考え方。
2つ目は、メンバーの仕事の基本。

この2つとつながっているからこそ、メンバーも迷わず実践することができます。
では、先ほどの店長が掲げた3つの方針はどうだったのでしょうか。

①「ゲストが喜ぶためなら、何をやってもいい」

ゲストを主役として考えることはディズニーパークの鉄則であり、パーク運営の思想と連動しています。もちろん、この言葉の土台にはディズニーパークの行動基準「ＳＣＳＥ」（36ページ参照）があることは言うまでもありません。

②「現場で、自分で考えて行動しなさい」

「ＳＣＳＥ」を踏まえて、何をゲストにすべきか自分で考えて行動しなさいと言っています。ＣＳ（お客様満足）の実践では、お客様応対の最前線であるキャストに判断・対応をまかせることが大きなポイントです。この言葉でメンバーの仕事へのモチベーションと責任感は増幅します。

③「すべての責任は私がとる」

２つ目の言葉で示された権限委譲《けんげんいじょう》について、より明確にコミットメントしています。これによって、メンバーは躊躇《ちゅうちょ》なく行動することができます。

この店長のように、リーダーが「チームの方針」を明確に打ち出すことで、メンバーも思う存分、力を発揮してくれることでしょう。

8 会社や職場の理念・フィロソフィーを活用する

●理念やフィロソフィーを飾り物にしない

「チームの方針」をメンバーに伝えるためにも、リーダーは会社や職場の理念やフィロソフィー（哲学）を、意識的に仕事に落とし込むことです。

どの会社にも大切にすべき理念やフィロソフィーがあるはずです。

しかし、それをメンバー1人ひとりの仕事の軸として活用しているリーダーは、どれくらいいるでしょうか。

それらを飾り物のように考え、意識しない人が意外と多いように思います。

何も、理念やフィロソフィーに闇雲《やみくも》に従え、とは言いません。

けれども、それらを飾り物にして別の考えや基準を示すことは、ダブルスタンダードになり、メンバーの迷いを生む危険があることを自覚すべきです。

ディズニーパークでは、パークの軸とキャストの軸が一貫しています。この軸となっているのが、**「ディズニー・フィロソフィー」**です。

ディズニー・フィロソフィーとは、ディズニーランドの生みの親であるウォルト・ディズニーの考え方を集約したものと考えれば良いでしょう。

ゲストが感動する「夢と魔法の王国」はどのような姿をしているべきなのか、どのようなエンターテイメントとサービスを提供すべきなのか、そしてまたゲストが出会うキャストはどうあるべきなのか――これらの根幹はすべてディズニー・フィロソフィーにつながっています。

ディズニー・フィロソフィーは、キャストの目的を**「ハピネス（幸せ）への道づくり」**であるとしています。

では、この目的を実践するためにどうしたら良いのでしょうか？

ウォルト・ディズニーは、ディズニーランドを**「地上で一番幸せな場所」**と定義しました。

彼はそのためにどうしたら良いかを考え、まず**「ゴミがなく、清潔できれいなパー**

ク」を実現しました。それが幸せの土台だと気付いたからです。そして、その土台の上に、イマジネーション豊かなディズニーの王国を創造しました。

そのイメージが共有できていれば、「ハピネスへの道づくり」のために、キャストが第一に行うべきことは、パークを「ゴミがなく、清潔できれいな」状態に保つことであるということがわかります。

また、「清潔できれいな」状態は、キャスト自身の身だしなみを含むと考えれば、身だしなみ規定である「ディズニールック」（109ページ参照）を積極的に守ることにも思いが至《いた》るのです。

●「なぜ」と「どうする」を明確にする

ゲストをどのようにおもてなしするか、ということについては、

「すべてのゲストがVIP」

という言葉で表されています。ゲストこそパークの主人公だからです。

その実践のためにどうすれば良いかと言えば、「まずゲストを見ること」が重要であるとディズニーユニバーシティでは説明します。

ゲストの一挙手一投足を見て、何をしたいと思っているかを察し、そのことを先回りして対応する、それがＶＩＰへの対応の基本であるからです。

会社や職場の理念・フィロソフィーには、それが生まれた根拠があります。また、長い年月にもまれる中で吟味《ぎんみ》され、さまざまな実践事例を生み出してもいます。会社や職場の理念・フィロソフィーをもう一度見つめ直し、そこにあるものを理解し、あなたの判断と行動のベースとして活用すべきです。

また、その具体化事例をメンバーに説明できるようにしましょう。

「なぜ、そうなのか」

「それを行うために、どうすべきか」

理念・フィロソフィーを、この2点からわかりやすく説明できるようにしておくことで、メンバーの考えと動きに一貫性を生み出すことができるのです。

9 何が大切かをメンバーに伝える

●何が大切かを整理・整頓《せいとん》しておく

あなたは、整理・整頓《せいとん》が好きですか？

「どうして、急に？」と思われるかもしれませんが、整理・整頓《せいとん》が苦手なリーダーは、言動がぶれることが多いのです。

とくに、「モノ」ではなく、「考え」の整理・整頓《せいとん》ができていないとその傾向は強まります。

リーダーが、「あれも大事」「これも大事」といろいろな考えを羅列《られつ》し、ほったらかしにしていたなら、メンバーから「考えが定まっていない→ぶれる」と受け取られても仕方がないでしょう。

ですから、**「考えの整理・整頓《せいとん》」**を行う必要があります。

整理・整頓《せいとん》について、「5S活動」では次のように定義付けられています。

整理とは、「要《い》るものと要《い》らないものを分けて、要《い》らないものを捨てる」こと。

整頓《せいとん》とは、「要《い》るものを使いやすいようにきちんと置き、誰にでもわかるように明示する」こと。

この定義は元々モノだけに当てはまるものではないと言われていますが、その解釈を広げて、考え（方針・基準・ルールなど）も整理・整頓《せいとん》してみましょう。

・考えの整理

これまでに会社が発表したり、あなたがチームを対象に定めた方針・基準・ルールなどをすべて書き出し、「要《い》るもの」と「要《い》らないもの」に分け、要《い》らないものを捨てます（「捨てる」というアクションがはばかられる場合は、「倉庫にしまい、鍵をかける＝使わない」ということで良いでしょう）。

・考えの整頓《せいとん》

「要《い》る」側に仕分けした方針・基準・ルールなどを使いやすいように分類し、メンバーに明示します。分類とは、基本の体系（ツリー）を作ると考えても良いでしょう。また、明示とは、見える化（掲示など）するということです。

この2つの作業をしっかり行っておけば、メンバーには、かなりわかりやすくなるはずです。そして、リーダーであるあなたとメンバーの間で、「考えの共有化」が進むことになります。

●基本となる考え方をメンバーと共有する

ディズニーでは、基本となる考え方が、整理・整頓《せいとん》されています。

ディズニーにおける基本となる考え方の体系（ツリー）の頂点には、**「ゲストにハピネス（幸せ）を提供する」**が掲げられます。

その下には、**「ファミリー・エンターテイメント」**（あらゆる世代の人々が一緒に楽しみ、感動できるエンターテイメント）、**「テーマショー」**（テーマに基づいた非日常世界）などのコンセプトが置かれるでしょう。

キャストは、それらの実現を積極的に図らなければなりません。

その次に来るのは、**4つの行動基準「SCSE」**です。ディズニーのコンセプトを実現するためには、Safety（安全）、Courtesy（礼儀正しさ）、Show（ショー）、Efficiency（効率）を守って行動することが必要だと考えられています。

その具体化として、**「すべてのゲストがVIP」**などのキーワードが並びます。

そして、その次に来る、さらに現場感覚の強い領域に、「感動のお子様ランチ」レストラン店長が掲げた「ゲストが喜ぶためなら、何をやってもいい」「現場で、自分で考えて行動しなさい」「すべての責任は私がとる」という方針が来るのです。

このように、リーダーは何が大切かを明確にしておき、メンバーと共有することが大切なのです。

10 「毎日が初演」という気持ちで準備する

●モチベーションを維持する

基本を徹底することはなかなか難しいものです。

日が経《た》つに連れて、省略、軽視、怠慢、手抜きへと道を踏み外すことも、決して稀《まれ》なことではありません。

ディズニーには、それらをいさめる言葉があります。

「ショーは毎日が初演」

ディズニー・フィロソフィーの中にある、とても重要なキーワードです。

このキーワードは、ディズニーキャストとして〝ゲストの期待に応える〟心構えを示すものとして知られています。

それは、次のように説明されます。

「働くキャストにとっては毎日繰り返される同じショーでも、その日その時に体験するゲストにとっては初めてのショーなのです。だからいつも初演の気持ちで、緊張感を持って、持てる最高のパフォーマンスを行いましょう」

誤解のないように付け加えるならば、ここで言う「ショー」とはエンターテイメントだけを対象とするのではなく、ディズニーパークで繰り広げられる運営全体を指しています。

パーキングの誘導、ショップやレストランでの応対、アトラクションの運営、清掃や警備も、すべて「夢と魔法の王国」のショーの一部だと考え、それを行うキャスト全員に「毎日が初演」の気持ちを持つことを求めているのです。

このキーワードは〝ゲストの期待に応える〟ことだけを教えているのではありませ

ん。

むしろ、「毎日の繰り返しの中で基本を忘れることなく、常に初演のモチベーションを維持しよう」というキャスト向けのメッセージと言うことができます。

ディズニーでは、バックヤードで、先輩キャストやトレーナーが「毎日が初演」と繰り返して言い、毎日の運営を常に新たな気持ちで行うように導いています。

そして、30年にわたって言い続けることで、「毎日が初演」という心の持ち方は、東京ディズニーリゾートの文化として定着したと言えるでしょう。

●準備と確認をしっかり行う

では、リーダー自身は、この「毎日が初演」というキーワードをどのように具体化しているのでしょうか。

その答えは、「準備と確認をしっかり行う」というものになるでしょう。

「初演」の解釈は、「初めて演じる」というだけでなく、「ずっと練習してきたことを初披露する」ということでもあります。

その晴れの舞台を前に、チームとして、とくに経験の浅いキャストたちがこれから始まるショーで十分なパフォーマンスを発揮できるように、リーダーは準備と確認をしっかり行います。

・身だしなみがディズニールックに合致しているかどうかを確認する
・キャストの体調について気を配る
・今日のパークの状況や、予想される事態について情報共有する

当たり前の項目ですが、それゆえにこうしたことがおろそかになっていれば、ショーは台無しです。

重要なのは、このとき、**あら探し的な姿勢を持ってはいけない**ということです。「みんなに良い仕事をしてもらいたい」という思いで行うからこそ、当たり前の準備と確認が「初演」のための助走になります。

「毎日が初演」そんな気持ちで仕事に取り組むことで、メンバーのモチベーションを高く保つことができるのです。

11 「Happy／Happy」の関係を作る

●仕事をする喜びを持つ

チームのメンバーに「仕事をする喜び」を明確にすることは重要です。

自分の仕事の手順や工程、役割分担はわかっていても、「その仕事をする喜びは何ですか？」という問いに対して答えがなかなか出ないという人は多いものです。

ディズニーでの仕事の1つひとつを取り出せば、ある意味で毎回同じ手順の繰り返しです。

アトラクションの運営や、飲食・物販・清掃などの仕事についても、ディズニーでの仕事は手順が明確に決まっています。

そこにどんな喜びがあるのでしょうか。

多くのディズニーキャストは、「ゲストに喜んで（楽しんで）いただく」ことを追求し、その**ゲストの喜びを自分の喜びとしています。**

たとえば、ショップで700円のおつりをお渡しするときに、あるキャストは500円玉をミッキーマウスの顔に見立て、100円玉2枚を耳の位置に置いて「どうぞ」とゲストにお渡ししました。

ゲストは「わぁー、ミッキー！」と大喜びだったと言います。機械的におつりをお渡ししても決して失礼ではありません。けれども、ほんの小さな工夫でゲストの喜びを生み出すことができ、それは自分の喜びとなります。

また、「こんにちは」という挨拶1つにしても、キャストが醸《かも》し出す親密さ、挨拶の瞬間のアイコンタクト、笑顔、言葉の柔らかさなどで、ゲストが受ける印象はまったく違うものになるはずです。

● 喜びを連鎖させる

この「Chapter2」の最初（46ページ）に、「感動のお子様ランチ」というエピソードを挙げました。その対応の背景として、店長の３つの方針をご紹介しましたが、その1番目は「ゲストが喜ぶためなら、何をやってもいい」でした。

この言葉には、ディズニーキャストとして行うべきアクションの本質とともに、キャストとして働く喜びを生み出すカギが示されています。

しかも、この方針によって店長（リーダー）とキャスト（メンバー）、両者の目的の共有化が図られることになります。

「ゲストの喜び」という目的に向けてキャストが考え、判断し、対応・行動することで、まずゲストが喜びます。

そのゲストの喜びを創れたことで、キャストは達成感を感じ、嬉しくなります。

さらに、そのような接客応対をキャストが行ってくれたことで、店長も大きな満足感を得ることができるのです。

成功する関係として「Ｗｉｎ／Ｗｉｎ」とよく言われますが、**ディズニー流の人間**

関係は「Happy/Happy」です。

「感動のお子様ランチ」のレストランで言えば、「ゲストがHappy、キャストもHappy」であると同時に、「キャストがHappy、店長もHappy」という関係ができているのです。

ディズニーでは、喜びのベクトルを1つにすることで、パーク全体の運営をまとめ上げていると言うこともできるでしょう。

さて、あなたにとって仕事をする喜びとは何でしょうか。

また、その喜びは、チームのメンバーにとっての喜びでもあるでしょうか?

ディズニー流に言えば、そこに「Happy/Happy」の関係があるでしょうか?

もし、それが明確になっていないのであれば、この機会にじっくり考え、自分とチームの仕事における喜びを掘り下げてみてください。

Chapter

3

メンバーの長所を引き出すコミュニケーションを行う

12 メンバーが気持ち良く働けるように接する

●"導く" "気付かせる" "手助けする"

リコグニション（相手を認め、受け入れること）の心を持つことによって、周囲の人に対する振る舞いや対応は自然と変わって行きます。

なぜならば、そうした思いを持てば、次には「相手の役に立ちたい」「相手のために何かしてあげたい」という気持ちになるからです。

ディズニー流のリーダーシップは、決して受け身なものではなく、受け止めた相手の心に自分の心を足して差し出すという**2WAY《ツーウェイ》の流れ**を持っています。バックステージでディズニーのリーダーたちに会えば、そのことがきっと肌身で感じられるはずです。

彼らは、仲間のキャストに対してとても献身的です。

「ゲストに接するように、キャストに接する」

ディズニーのリーダーたちは、まさにそれを実践しているのです。

相手のために何かを行う、その第一歩となるのがコミュニケーションです。

リーダーは、部下や後輩、メンバーに対して、つい「言うとおりにすれば良い」「こうしなければいけない」という指示や断定に偏ったコミュニケーションをしてしまいがちです。

リーダーの考え、言葉は正しいかもしれません。

しかし、**正しいことだけを伝えることがコミュニケーションではありません。**

コミュニケーションは人と人をつなぐものです。

重要なのは、相手があってこそのコミュニケーションだということです。

リーダーが正しい指摘をしても、相手がそれをできないとしたら、そのコミュニケーションは成功ではありません。

相手が気持ち良くポジティブな状態になり、その人にとっては難しいことでも、がんばって取り組もうという姿勢になるように――。

〝導く〟〝気付かせる〟〝手助けする〟それがディズニー流のコミュニケーションです。

13 挨拶は自分から行う

●挨拶は先手必勝

〝挨拶をする〟という習慣は日本の社会に深く根付いていますが、あまりに普通のことゆえに、私たちはその重要性を感じなくなっているのではないでしょうか。

本書ではすでに、笑顔とアイコンタクトのある挨拶が重要であることをお伝えしました。それは、ディズニーキャストとして欠かすことのできない基本です。

それを確認した上で、**「挨拶は自分から行う」**ことを、リーダーが行うべきコミュニケーションの第一に挙げておきたいと思います。

普段の生活を振り返ってみればわかることですが、それまで面識のなかった人同士が挨拶するということはなかなかないものです。

それが、たまたま目が合ったとか、笑顔が感じられたなど、ちょっとしたことでスイッチが入って挨拶が交わされます。

ディズニーでは、「挨拶は先手必勝」という考えが浸透しています。自分から積極的に挨拶することで、相手とのコミュニケーションのスイッチが入り、会話を生み出していくことができるからです。

挨拶は**「あなたを意識している」という目に見えないサイン**を相手に届けます。

さらに、言い方によっては「今日もがんばろう！」とか「いいね！」という意味のプラスのストローク（相手の価値を認める言動）を送ることもできます。

だから、ディズニーのリーダーたちはまずは自分の元気を挨拶に乗せて、チームのみんなに配ります。そして、それぞれの**キャストから返ってくる挨拶（反応）によって、キャストの状態を知る**のです。

「おはよう！」
「あっ、おはようございます……」
「らしくないなぁ」
「えっ、何がですか…？」

「今の挨拶、いつも元気な○○さんらしくない。心配事があったら何でも相談して」
「ありがとうございます。そうですね、元気がないとオンステージでゲストにちゃんと接客できませんよね」

このように短い挨拶の交換を通じて、キャストの**モチベーションを上げていくことができます。**逆に、リーダーが挨拶を怠っていれば、チームのメンバーの状態がわからず、悪い状態にあっても、フォローの手は差しのべられません。

●挨拶の大切さを伝える

ディズニーのリーダーは、挨拶の大切さを実感しているので、他のキャストにも挨拶の重要性を伝えます。次のキャストの話からも、そのことがわかると思います。

「入社してすぐの頃、私はある同僚のキャストと相性が悪く、何となくその人を避けていました。挨拶もちゃんとしていないということは自分でもわかっていましたが、それでも良いと勝手に思っていました。

ところが、同じチームの先輩キャストに、『挨拶しようよ』と言われたのです。その先輩は、明るく笑って『そのほうが楽しいよ！』と軽く言ってくれました。私の態度を気にかけてくれていたんですね。

それからは、苦手だった人にもはっきり挨拶するようにしました。そうすると人間関係も良くなり、何よりも仕事が楽しくなったのです。あのときの先輩の一言が今でも忘れられません」

このキャストにとって、何となく挨拶しないということは実生活では許されることだったのでしょう。

しかし、「キャストとしてそれではいけない」と考えた先輩キャストは、挨拶しないことをたしなめました。そして、そのことによって、このキャストは**挨拶が生み出すマジック**に気付くことができたのです。

これは、ディズニーに限ったことではありません。もし、あなたのチームに挨拶の習慣がないのであれば、チーム内のコミュニケーションは始まりません。

今からでも決して遅くはありません。挨拶が飛び交うチームを作りましょう。

14 挨拶に「プラス一言」添える

●メンバーごとに一言かける

チーム内を挨拶が行き交うようになったなら、ぜひもう1つ意識してほしいことがあります。

それは、挨拶に加えて「一言かける」ということです。

ディズニーでは、「おはようございます」「こんにちは」「お疲れ様です」などで終わりにせず、相手によって、あるいはその日の状況によって、一言を加えます。

「おはようございます。**今日も早いね**」

「こんにちは。**クローズまでよろしく！**」

「お疲れ様です。**オンステージはどう？**」

こうした一言がチームのコミュニケーションを活発にしていきます。

仕事上のコミュニケーションというと、「意思を疎通《そつう》させる」とか「ベクトル合わせをする」という狙いが設定され、「それを実現するには……」と方法論やスキルが解説されることが多くあります。

しかし、ディズニーでは、まずは、チームや部署でのコミュニケーションの総量を上げることが重要であると考えています。**コミュニケーションの総量が大きいということは風通しが良い状態を作ります。**それは、「何でも言える」「言いやすい」という下地になるのです。

これがないと、いかにコミュニケーションスキルを磨いても、当事者の心中に「これは言いにくいな」というようなマイナスの心理を生み出し、実際のコミュニケーションを滞らせる原因になります。

だから、優れたディズニーリーダーほど、挨拶に加えて（学生のキャストに）**「試験、終わった？」**とか、（前日に映画に行くと言っていたキャストに）**「アナ雪の感想は？」**

というように、そのメンバーに合わせたタイムリーな一言をかけます。

これは、雑談を助長しているわけではありません。

個々のキャストに視線を送り、いつも気にかけることによって、柔軟なコミュニケーションをしているのです。

彼らは、そこでの受け答えを長々と行っているわけではなく、一言を二〜三言に増やし、「今日もよろしく!」というようなポジティブな投げかけをして会話を打ち切ります。

そうするだけで、職場の活気は十分に高まるのです。

●「Yes,and」の気持ちを表現する

コミュニケーション研修などで、「Yes,and」話法や「Yes,but」話法を実践することがありますが、ディズニーリーダーの挨拶プラス一言は「Yes,and」話法に極めて近い感覚で行っていると言えるでしょう。

◎「Yes,but」話法

「パーク運営、がんばろうね」

「はい、**でも**今日は混雑日ですから」

「まぁ、そうだけどね」

◎「Yes,and」話法

「パーク運営、がんばろうね」

「はい、混雑予想**なので**連係を良くします」

「そうだね、私もオンステージに行くよ」

「はい、ありがとうございます！」


このように、「Yes,and」話法では、相手の話を肯定的にとらえ、それに自分のアイデアを足して行きます。

一言で言えば**「意識の好循環」**です。

その起点になることが、ディズニーリーダーには求められているのです。

そのことを、あるリーダーはこんなふうに話しています。

「私自身が東京ディズニーリゾートの笑顔の発信源になるんだ！　と思っています。私と出会ったゲストに笑顔になってもらいたいのはもちろんですが、私と出会ったキャストにも笑顔になってもらうことが大切です。

笑顔のキャストの応対でゲストが満足し、ゲストの笑顔でキャストも嬉しくなる、そんな循環を生み出したいのです」

このディズニーのリーダーのように、チームのコミュニケーションを活発にし、メンバーが自発的に成長できる環境を作りたいなら、あなたがチームのコミュニケーションの発信源になることが大切です。

15 プラス言葉に置き換《か》えて話す

●ポジティブに導くことができる

メンバーとコミュニケーションを行う際は、「嬉しい」「楽しい」「面白い」「できる」など人が好感を持つ「プラス言葉」を使いましょう。

「いやだ」「辛い」「つまらない」「できない」などの「マイナス言葉」は、リーダーは使わないことです。

そうしたほうが、ポジティブな場や組織づくりができると言われています。

「プラス言葉」を使っているといつの間にかポジティブな考えになり、「マイナス言葉」を使っているとネガティブな考えになってしまうからです。

ディズニーでは、「プラス言葉」を使うことが重要視されてきました。

それはまず、ゲストとの応対において浸透しました。

パーク内でお目当てのアトラクションを目指してつい走ってしまうゲストに、「走らないでください」と言うのではなく、「安全のため、どうぞゆっくりお進みください」と言うようにしています。

簡単に言えば「ダメです」ではなく、「こうしていただけますか」という方向に言い換《か》えているわけです。

これは、マイナス言葉の要素を含む〝注意〟がゲストに受け止められるかと言えばそうではなく、ともすると逆のケース（反発やクレームなど）に発展することが多いからです。

また、「今日は10時で閉園します」ではなく、「今日は10時まで開園しています」という言い方をするようにもしています。

これは、**ゲストの期待感や夢をなるべくしぼませない、というキャストとしての心遣い**です。ゲストにとって、後者のほうが好ましいことは言わずもがなです。

●マイナス言葉をプラス言葉に言い換《か》える方法

このように、ディズニーではなるべくプラス言葉を使うようにしていますが、そのために「マイナス言葉をプラス言葉に言い換《か》える」ことを意識的に行っている点に、より注目すべきでしょう。

これは、**キャストに対しても同じ**です。プラス言葉の活用、とくにマイナス言葉からプラス言葉への言い換《か》えは、**チーム運営を円滑にし、キャストに正しい意識を持ってもらうために、リーダーが習得しておくべきスキル**です。

マイナス言葉……「遅刻はルール違反だよ。他のキャストにも迷惑がかかる。もうしないようにしてください」

プラス言葉　……「遅刻だと思ったとき、どんな気持ちがした？　ここでは、みんなが○○さんを待っていたんだよ。そのことをしっかり受け止めれば、明日からは大丈夫だよね。○○さんなら、ちゃんとできると期待しているから」

ディズニーで遅刻したらいつでもそう言われるわけではなく、常習的なキャストには厳しい態度で指導することもあります。

ただし、この遅刻が、相手が何となく犯してしまったルール違反だとしたらどうでしょう？

ルールを盾にして責められ、怒られたら、言われた人には嫌な感情が残るでしょう。もちろん、嫌な感情を残して、そのことによって「二度としたくない」と思わせることもできるでしょう。

しかし、それは「遅刻しない」ということへの単発の戒《いまし》めに過ぎません。

プラス言葉に置き換《か》えて諭《さと》し、リーダーはもちろん他の仲間が自分に期待を感じていると知ってもらうことはもっと効果的に働きます。

そうすれば、「遅刻しないためにはどうしたら良いか」とポジティブに導くことが可能です。

「わかりました。がんばります！」

遅刻の指摘、指導という場ですが、そういうポジティブな言葉で終わりたいと思いませんか。そのような納得を引き出すことも、リーダーの大切な役割なのです。

16 「ありがとう」をコミュニケーションの軸にする

●メンバーの長所を見つけて「ありがとう」を言う

「ありがとう」

感謝の言葉です。

そして、**相手に強力なストロークを送ることのできる素晴らしい言葉**です。

ところが、仕事上で「ありがとう」という言葉を、明確な感謝の心を添えて使うことは意外と少ないのではないでしょうか？

何かの行いに、儀礼的に「ありがとう」とボソッと言ってしまう。

それは、とてももったいないことです。

あなたは、今日、何度「ありがとう」と言ったでしょう。

そのとき、胸に感謝の念を持って、その言葉を発したでしょうか？

ディズニーでは、「幸せ」「夢」「笑顔」などと同じくらい、「感謝」を大切にしています。

「夢と魔法の王国」に生命を吹き込んでくれるゲストに感謝するのはもちろん、この国を常に最高の状態で運営してくれているキャストに感謝することも忘れていません。

ディズニーで、キャストへの感謝を表すイベントが「サンクスデー」です。

閉園後のパークを貸し切り状態にし、スーパーバイザーやマネージャー、あるいは役員がコスチュームに着替え、アトラクションやショップ、レストランを運営し、日頃の感謝の気持ちを込めてキャストをもてなすイベントです。

お祭り的なセレモニーやスペシャルメニュー、あるいはお買い得のショッピングなどが用意されるので、キャストはこの日をとても楽しみにしています。

そして、自分たちをもてなしてくれる上司などの姿を見て、「パークは1つのチーム」

であることと、そこには感謝の気持ちがいつもあることを再確認します。

パーク全体でのイベントのような大きな試みだけでなく、ディズニーでは、リーダーが常に感謝を意識したチーム運営を行っています。

チームとして必要なことを率先してやってくれたキャストや、他のキャストの見落としそうになったことをフォローしたキャストなどに、「ありがとう」と言うことはもちろん、たとえば次のようなことにも「ありがとう」を忘れません。

・常に笑顔で、元気な挨拶をしてくれるキャスト
・新人キャストに率先して話しかけることを心がけているキャスト
・いつもバックステージのテーブルをきれいに拭《ふ》いてくれるキャスト
・仲間の良いところを「○○さん、ステキですね！」と声に出してくれるキャスト

つまり、パークを動かす仕事に比べて間接的な、潤滑油のような働きをしてくれることに対して、その本人に「ありがとう」をしっかり言っているのです。

「○○さんの声かけで、新人さんもホッとするみたいだね。ありがとう！」――そんな感じで、ちょっとした会話の中で感謝を伝えるのです。

このちょっとした言葉が、「自分のやっていることは役に立っている」という思いを生み、キャストとチームをどんどん上昇させて行きます。

●ちょっとしたことでも躊躇《ちゅうちょ》なく「ありがとう」を言う

「私はゲストにもキャストにも『ありがとう』を言うように心がけています。『ありがとう』って特別な言葉ではありませんが、私はキャストになるまで、こんなにたくさんの『ありがとう』を言っていませんでした」

これはまだ若いディズニーリーダーのコメントです。

このリーダーは、「ありがとう」の素晴らしさに気付き、自らの仕事を行う上でそれを上手に使い出しています。

「ありがとう」を軸にしたコミュニケーションは、ディズニーのみに限定されるものではありません。

どのような会社、職場でも、その気になれば必ずできます。

その際、人を分け隔てしてはなりません。舞台で言えば、脇の脇のチョイ役でも、その舞台への貢献は必ずあります。

ですから、メンバーの良いところを見つけたときには、躊躇《ちゅうちょ》せず「ありがとう」と言えるようになってください。

17 〝よく聴く〟ことを意識して行う

●よく聴くことから会話のキャッチボールを始める

リーダーとして、ディズニー流のコミュニケーションを行う上で最も重要なことは、〝よく聴く〟ということです。

ここまで、挨拶や伝えるための言葉について述べてきましたが、そうしたアクションと対《つい》を成して**〝よく聴く〟ことを実践することが、2WAY《ツーウェイ》のコミュニケーションを成立させるためには重要**です。

たとえば、挨拶に一言をプラスするにしても、「よく聴いているリーダー」の一言と「聴いていないリーダー」の一言はまったく違うものになってしまいます。

「よく聴いているリーダー」の一言は、相手の内側から投げられたボールを投げ返すキャッチボールのニュアンスを持っています。

そこには、元気とやる気、相手への共感、思いやり、励ましが込められています。

だからこそ、その一言は効くのです。


ディズニーのリーダーたちは、一緒に働くキャストの話をよく聴きます。


最近ではコーチングやコミュニケーションの研修などで、〝傾聴〟の重要性が説かれていますが、ディズニーでは開園の頃からよく聴くことを重視してきました。

実はここでも、「ゲストに接するように、キャストに接する」ことがうまく作用しています。

ゲストの話を聞くときには「アイコンタクト、スマイル」が鉄則ですし、「はい」という返事や相づちが欠かせません。当然、否定や強制はありません。この姿勢をそのまま内側に向けることで、キャストの話もよく聴くことができるのです。

●メンバーの話もよく聴く

ディズニーにはトレーナー制度があります。キャストとしての経験を積む中で後輩の育成も担当したいという意欲のあるキャストは、ディズニーユニバーシティでトレーナー・プログラムを受講してトレーナー資格を取得します。

次の例はあるトレーナーの失敗談です。

運営部で、やる気いっぱいの若手キャストがトレーナーになってすぐの頃、新人キャストのＯＪＴ（オン・ザ・ジョブ・トレーニング　仕事を通して教育・訓練すること）を担当することになりました。

彼は新人キャストに対して情熱的に運営手順を説明し、自分でもやって見せ、ぐいぐいと新人キャストをリードして行きました。

ところが、一定の過程を経《へ》てチェックリストを実施したところ、新人キャストの手順理解度はかなり低いという結果になってしまったのです。

「どうしてなんだ！　やる気がないのかな？」

そんなマイナス言葉がつい口をついて出てしまいました。

それを聞いたトレーナー経験豊富なキャストが、彼のところにやって来ると、こう言ったのです。

「○○さん、あなたは一生懸命だったかもしれないけれど、新人の立場に立っていたのかな？

たとえば、ＯＪＴの中で相手の話を聴くということをした？

新人はわからなくて、当たり前なんだ。

だから、**いちいち確認し、話を聴き、その時々でアドバイスすることが大切**なんだよ」

その言葉は若手トレーナーにとって、大きな衝撃でした。それ以来、彼はＯＪＴの中で**1工程ごとに**必ずトレーニーの話を聴くようになり、それにつれ教育成果も向上したということです。

このリーダー（若手トレーナー）が聴くことを忘れてしまった根本には、新人キャストに対するリコグニション（相手を認め、受け入れること）の欠如があります。

相手を認め、受け入れるからこそ、心の中で〝よく聴く〟姿勢ができるのです。

あなたの前に1人のメンバーがいます。

メンバーの目を見て、微笑《ほほえ》んで、1つひとつの言葉をしっかり受け止めてください。

そして、**共感したことには「そうだね」と心からの同意を示してください。**

そうやって、リーダーであるあなたが、メンバーの話を〝よく聴く〟ことで、「この人のためにがんばりたい！」「先輩のようになりたい！」「チームに貢献できるようにもっと成長したい！」と、メンバー自らが積極的に成長を遂げていくのです。

Chapter

4

メンバーが伸びる ほめ方と叱り方

18 メンバーを成長させる ほめテクニック

●本人のためにほめる・叱る

あなたはリーダーとして、上手なほめ手でしょうか？

また、あなたはリーダーとして、上手な叱り手でしょうか？

リーダーとして、部下や後輩、チームのメンバーが良いパフォーマンスを行ったときにはすかさずほめ、過ちを起こしたときには叱って気付きを与える――これらは、リコグニションの発露《はつろ》として、とても重要です。

ただし、「ほめ方」「叱り方」のスキルを習得する前に、しっかりつかんでおくべきことがあります。

それは、**何のためにほめたり、叱ったりするのか**、ということです。

ディズニーのリーダーに、そのことを問えば、２つの回答が返ってくるはずです。

「そのキャスト本人に伸びてほしい、育ってほしいと思うから」
「ゲストに最高の体験をしてもらいたいから」

「自分たちの成績を上げる」とか、「規定どおりに運営する」という意識は、彼らのほめる・叱るスイッチにはあまり作用していません。

ディズニーでは、手順どおりの運営が身に付いていないキャストを叱ることはありません。その段階にいるキャストは、教え、導く対象だからです。

しかし、身だしなみ規定であるディズニールックを守ろうとしないキャストに対しては叱ります。

なぜなら、独りよがりでディズニールックを守れないのであれば、いくら経験を積んでも内面的な成長はなく、常にディズニーパークのルールに不満を持って過ごすことになるからです。これは、本人にとってたいへん不幸なことです。

また、ディズニールック違反スレスレのキャストに応対されることは、多くのゲストが期待するところではありません。勝手な自己主張は、ゲストに違和感を生み出すことはあっても、ディズニーパークらしい体験には貢献しないのです。

「本人とお客様のためにこそ、ほめ・叱る」

これを大前提として、ディズニー流のほめ方、叱り方をご紹介します。

●小さなことを認めて、ほめる

「ほめて、人を伸ばす」ということが言われます。

ところが

「ほめることは大切だと思うが、意識するとほめられない」

「部下のことをほめると、どうもウソくさく聞こえる」

そんな悩みを抱えるリーダーがときどきいます。

そういう人は、日頃から、ほめることに慣れていない場合が多いようです。つまり、ほめるということを、何か特別な成功をした人に対して行うことだと思い込んでいるのです。

「ほめる」ことは、特別なことではありません。
それは、「メンバーを認め、受け入れる」ことを表現する手段なのです。

ですから、ほめる前提として「メンバーのことを知り、メンバーの立場になる」ことが重要だということを理解し、実際に周囲の人をよく見ることです。

たとえば、仕事を覚えることに必死な新人メンバーは、昨日までできていなかったことが今日はできるようになった、ということが日々あります。

そのことがわかっていたら、たとえ小さなことでも、自然にほめ言葉が出てくるはずです。

そうすると、ほめられたメンバーも、**「認めてもらえた」「やった甲斐があった」**と嬉しくなります。それによって、「もっと」という意欲が生み出され、それが「伸びよう！」という意思になり、人は成長して行きます。

ディズニーには、この好循環が定着しています。

運営部で、トレーナーとして、数多くのキャストのＯＪＴを指導してきたベテランのキャストがいました。彼は常に笑顔を浮かべている明るい人柄で、多くの後輩キャストから慕われる存在でした。

彼は新人キャストのＯＪＴを担当しており、そこでも良い成果を挙げていました。どんな新人キャストでも、最小限に近い日程で手順を身に付け、オンステージにデビューさせることができていたのです。

あるとき、何かコツがあるのではないかと考えた、運営部の教育担当者が、彼のＯＪＴに帯同したことがあります。

彼は他のトレーナーと違った特別な教え方をしているわけではありませんでしたが、１日のＯＪＴを終えたとき、教育担当者は「なるほど」と納得していました。

「良い笑顔が出ているね」

「いいぞ！　手順どおりだ」

「スピール（キャストからゲストに語りかけるセリフ）、ちゃんと言えたね」

彼は、新人キャストの基本的な言動について、実にこまめに取り上げ、声に出して伝えていたのです。これはディズニーのトレーナーとして行うべきことでしたが、彼はそれを徹底して、なおかつごく自然に実践していました。

教育担当者は、彼の言葉によって新人キャストの顔から不安が消え、ＯＪＴの中身に集中していく様を見て、改めて「認めて、ほめる」ことの効果を実感したのでした。

「できた！」ときに、すぐほめる

このように、「できた！」という事実を、リーダーが声に出して認めてあげるということが、ほめることの原点です。

メンバーはそれぞれ違いますから、リーダーに何も言われないことを「ちゃんとできているから何も言われないのだろう」ととらえる人もいれば、「（何も言われないのは）まだ認めてもらえないから」とネガティブに思ってしまう人もいます。

後者のタイプには、**行うべきことが緊張しながらも「できた！」ときに、すかさず「グッド」と声をかけることが大切**です。

ほめることは、特別なことではありませんし、難しいことでもありません。

ディズニー流のほめ方の第一段階は、「相手を認める」ことです。

そして、たとえ小さなことでも見逃さず、「できた！」という事実をそのまま取り上げて、「グッド」と声に出して伝えることなのです。

19 「いいね!」という言葉を有効に使う

●常に「いいね!」と言える準備をしておく

日常の中でメンバーをほめるときに、とても便利な言葉があります。

「いいね!」

この一言です。

どう声をかけようかなどと考える前に、**良い言動について反射的に「いいね!」と言える状態にあることが、リーダーとしては大事**なことなのです。

この用意ができていないと、ほめる行為がワンテンポ遅れてしまい、ほめる効果が薄くなってしまいます。

「いいね!」と言えば、今ではソーシャルネットワーキングサービスのFacebook

が連想されると思います。

Facebookは、「いいね！」ボタンをクリックする意味を、「他のユーザーに肯定的なフィードバックを与えたり、Facebookで気になるコンテンツとつながったりするための方法です」と説明しています。

ユーザーが「いいね！」ボタンをクリックすることで、コメントや画像・映像などのコンテンツに共感を表明するこの機能は、ネット版のリコグニション（相手を認め、受け入れること）だと言っても良いでしょう。


インターネットが普及し、Facebookが登場するずっと以前から、ディズニーでは、「いいね！」が毎日の運営の中で頻発していました。

たとえば、ディズニーには、「ゲストがパークで買ったバルーン（風船）を空に飛ばしてしまったときに、新しいバルーンを無料で提供する」という行為に代表される、サービス・リカバリーというものがあります。

このサービス・リカバリーを即座に行ったキャストに対し、ディズニーのリーダーはすかさず「いいね！」という声をかけ、ほめます。

しかし、そのような特殊な対応の場面ばかりでなく、**もっと日常的なちょっとした場面で「いいね！」は飛び交っている**と言ったほうが良いでしょう。

・小さな子どものゲストに、笑顔＋アイコンタクトでやさしく挨拶できたとき
・バースデーシールのゲストに、気持ちの良いお祝いコメントを言えたとき
・目的の施設がわからず迷っていたゲストに対して、親切に道案内したとき

さらには、もっとささいな運営手順の中での、他のキャストとの連係に対して「今の対応、いいね！」という言葉が発せられているのです。

●「いいね！」によってグッドショーを引き出す

サッカーの試合で、ミッドフィルダーの選手からチャンスボールをもらったフォワードの選手が、たとえゴールを奪えなくても「今のボール、良かった！　ありがとう！」の気持ちを込めて、親指を立てたサイン（「いいね！」サイン）を送っているシーンを見ることがあります。

そうするのは、今のボールに対するお礼とともに、「また、頼むよ！」という次回へのリクエストを伝えるためでもあります。

ディズニーのリーダーが、周囲のキャストの小さな言動にも「いいね！」と言うのも同じです。

「今の対応に感謝（ゲストに代わって感謝／他のキャストに代わって感謝）」、そして、「次もよろしくね！」という気持ちがそこには込められているのです。

リーダーは「いいね！」と言うことで、チームに啓発と教育を行っているのです。

ディズニーでは、良い運営を「グッドショー」と表現します。

ただし、ゲストに対してどう接することが「グッド」なのか、仲間のキャストとの連係でどうすることが「グッド」なのか――マニュアルなどで「グッドショー」が規定されているわけではありません。

そこで、リーダーは「いいね！」という一言をうまく使い、日常の中でキャストの行った良い行動をどんどんほめることで「何がグッドなのか」を伝えているのです。

「いいね！」という一言は便利なだけでなく、実に有効な言葉なのです。

20 「ここが素晴らしい！」と具体的にほめる

●取り組みやプロセスをほめる

部下や後輩、メンバーをほめるとき、あなたはどんな表現をしていますか？

「よくやった、素晴らしい！」

そんな抽象的なほめ方にとどまってはいないでしょうか？

では、あなた自身のことを振り返って、自分自身を成長させてくれた、ほめ言葉を思い出してください。

どうでしょう？　記憶をたどるといくつかの言葉が思い浮かぶのではないでしょうか？

子どもの頃に、庭の掃除を手伝ったとき、「面倒な仕事だけれど、手を抜かずに長い時間よくやった。おかげで、きれいになったよ」と親から言われたことを思い出す人がいるかもしれません。

その言葉は、きっと忍耐の必要な地道な仕事を行っているときに思い出され、「あと1つ」とがんばる源泉になっているはずです。

抽象的なほめ言葉は心に残りませんが、具体的なほめ言葉は、その後のモノの考え方や取り組み姿勢に影響するものなのです。

冒頭の「よくやった、素晴らしい！」という抽象的なほめ言葉より、「この件に対するあなたの情熱は素晴らしかった。それがチームを引っ張ったんだ！」というように具体的に言われたほうが、絶対にその人に響きます。

また、ほめるのであれば、結果や実績をほめるのではなく、その結果や実績を生み出した取り組みやプロセスをほめることが大切です。

たとえば、「今期は前年対比110％を達成した。良くやってくれた」と言うよりも、「今期は1人ひとりがフォア・ザ・チームに徹した。それが前年対比110％という成果になった。このチームに拍手！」と、より具体的に言うほうが効果的です。

●ほめることで育てる

ディズニーでは、「具体的にほめる」「取り組みやプロセスをほめる」というスタイルが企業風土となっています。

そのことを端的に表しているものが、**「スピリット・オブ・東京ディズニーリゾート」**です。

これは年に1度行われる全社的なリコグニション・プログラムで、キャスト同士がお互いのパフォーマンスを認め、称《たた》え合う仕掛けです。

キャンペーン期間には、投票用紙と投票箱が用意されます。身近にふれあう中で、「あの人は素晴らしい」と思うキャストがいたら、そのキャストの名前と「素晴らしいところ」を書いて投票するのです。

2枚つづりの投票用紙の1枚は事務局で集計し、もう1枚が投票された側のキャストに渡されます。

すべてのキャストが対象で、誰が誰に何枚渡しても良いということになっているので、パークではとにかく**すさまじい数のほめ言葉が交換**されます。

その後、集計結果などから、模範となるキャストが、スピリット・アワード受賞者として表彰されますが、**表彰に至《いた》らなかったキャストも自分をほめてくれた用紙を何枚も手にする**ことになります。


「混雑時、あなたの〝がんばろう！〟の一言でチームがリフレッシュしました」

「ゲストの道案内に手こずっていたとき、手助けしてもらい救われました」

「いつも、率先してバックステージの整理・整頓《せいとん》をしている姿がステキです！」


ディズニーのリーダーは、スピリット・オブ・東京ディズニーリゾートの投票期間だけでなく、このようなほめ言葉を本人に直接伝えることに躊躇《ちゅうちょ》がありません。

そうすることで、**後輩が劇的に成長する姿を何度も見てきている**のです。

あなたの職場には、ディズニーのようなオープンにほめ合う文化はまだできていないかもしれません。

でも、あなたが自分自身の心のセンサーで、「あのメンバーのここが素晴らしい」と感じるものがあったならば、ぜひそれを言葉にして伝えてください。

きっと、メンバーの表情に喜びが広がり、さらなる成長につながるはずです。

21 バッドショーは許さない

●叱る理由をわかるまで説明する

この「Ｃｈａｐｔｅｒ４」では、ディズニーのリーダーのほめ方を述べてきました。そして、その土壌として、ディズニーにはほめる企業風土があるとも言いました。

それに対して、「叱る」という行為は、どこかしらディズニーらしくありません。ディズニーのリーダーは、自分のチームのキャストに〝甘い〟のかと言えば、決してそんなことはありません。**決まりごとやルールの遵守《じゅんしゅ》という視点で言えば、たいへん厳しい姿勢を持っています。**

しかし、「何でできないんだ！」とか「こんなことも知らないのか！」と相手を罵倒するようなリーダーはいません。

たとえば、ディズニーのリーダーは身だしなみ規定のディズニールックに違反しているキャストには厳しい態度で接します。

男性のキャストの髪は、「前髪は目にかからない長さにする／サイドは耳にかからないようにする／後ろはシャツの襟《えり》にかからない長さにする」と決まっています。

これを守らないキャストに対して、リーダーは「今日は帰るか、バックステージの理髪店で切ってもらうか、どっちにする？」とはっきり言うはずです。

違反がわかっているキャストに対し、その日は目をつぶって見逃し、「次回までに切ってきなさい」とは言いません。

バッドショーを容認することはないのです。

「なぜ、ディズニールック違反はダメなのか、わかる？」と問うはずです。

そして、そのキャストがわかるまで理由を説明します。

「○○さんは、ディズニーキャスト。ディズニーのステージに立つ俳優なんだ。たとえば、○○さんがどこかの劇場で演劇を見るときに、メイクアップしないで俳優がステージにいたらどう思う？　がっかりすると思わない？

その劇を観るために5000円も6000円もするチケットを買っていたら、せっかく高いお金を出したのに、と思うでしょう。

ディズニールック違反は、メイクアップしないでステージに立つのと一緒のこと。そんなあなたと会ったゲストはがっかりするでしょう。

そのことがわかっているのに、1ミリや2ミリだから今日はいいよ、とは私は言えないな」

ディズニーキャストとして新人の頃にそんな体験をした人はわかるでしょうが、「これは、自分が改めなければここではやって行けないな」と身にしみて感じるほどに、リーダーの態度には厳しいものがあります。

それは、そのリーダーが単なるたとえで演劇や俳優を挙げているのではなく、ゲストから自分たちがそのように期待されていると本気で思っているからです。

●明日のために叱る

ディズニー流の叱り方のポイントは次のようになるでしょう。

・ルール違反やバッドショーは許さない
・感情的に怒鳴ったり、威嚇《いかく》したりしない
・ルールを盾にして叱らない（「ダメなものはダメ」的には言わない）
・そのキャストが叱られた理由をわかるまで説明する
・そのキャストに本気で向き合う

なぜ、そのようにするかと言えば、ルール違反やバッドショーを犯してしまったキャストがその日でキャストを辞めるわけではないからです。

彼らはその後もディズニーのキャストとしてパークというステージに立ち、チームの一員として働き続けます。

「ダメなことを指摘され、叱られた」というだけでは明日につながりません。

「ダメだ」と言われながらも、そこでそのキャストの胸の内に気付きが生じることが大切なのです。

叱るのは否定ではなく、「肯定の一歩手前」であると考えましょう。

22 叱るときにはサンドイッチで叱る

●否定したままにしない

チームのメンバーを叱らねばならないとき、叱り方に気を配っているでしょうか？

メンバーにおもねる必要はありませんが、叱られる側の心理を考え、「叱る」というアクションが最良の結果につながるようにしなければなりません。

ディズニーでは、「叱るときにはサンドイッチ」という言い方をします。

これは、コミュニケーションの分野で「ＰＮＰアプローチ」と呼ばれている方法で、ＰＮＰとは次の要素の頭文字を組み合わせたものです。

P（Positive＝肯定的）→　相手を認める

N（Negative＝否定的）→　問題の指摘

P（Promise＝約束）→ 改善することを約束

叱られる側の気持ちを尊重しつつ、間違いや問題点を明確に指摘し、それに対する改善を約束してもらうというアプローチです。

●サンドイッチで叱るときの会話例

次に、「叱る」プラス「怒る」のネガティブアプローチと、ＰＮＰアプローチの具体例を挙げてくらべてみましょう。

まず、ＯＪＴでなかなか手順を覚えられない新人キャストに対して、ネガティブアプローチで怒るトレーナーです（実際には、こうしたトレーナーはいないと思いますが）。

トレーナー：「○○さん、その手順は逆でしょ。まだ、覚えてないの」
キャスト　：「あっ、すみません」
トレーナー：「前回も注意したよね。あなた、やる気あるの？」

キャスト　：「はい……」
トレーナー：「教えるこっちの身にもなってよ」
キャスト　：「がんばります」
トレーナー：「このままじゃ、永遠にオンステージ・デビューできないと思うよ」
キャスト　：「……」

次は、サンドイッチ型のPNPアプローチです。

トレーナー：「○○さん、OJT、お疲れ様です。一生懸命取り組んでくれているので**全体的に手順の理解はできている**と思います。**その調子でがんばってください**」
キャスト　：「はい、わかりました！」
トレーナー：「ところで、**惜しいことに**何カ所か手順が逆になっています。前回と同じ誤りもあります。**なぜこの手順なのか、自分で理解しようとしないと、何度も同じ誤りをする**ことになりますよ」

キャスト　：「すみません、まだ自信がないところがあります」
トレーナー：「それでは、1つずつ確認して行きましょう」
……（確認後）……
トレーナー：「**もう自信のないところはないですね？**　では、今の点を自分でもう一度確認してから、一通りやってみましょう。**うまく行くことを期待しています**」
キャスト　：「はい、がんばります！」

PNPアプローチで叱るときには、次の3点を意識すると良いでしょう。

①最初のPは、事実を具体的に挙げて、相手の行いをしっかり認める
②次のNは、問題点を挙げながらも「惜しい」など改善へのモチベートにつなげる
③最後のPでは、具体的な行動課題を共有し、その実現への期待を示す

ところで、「相手が何度も同じ間違いを犯していても、PNPアプローチが良いのか？」という疑問を持つ人もいるかもしれません。

結論から言えば、そうであっても100％ネガティブに扱うよりは、**「一歩前進したね」「前回よりここは良かった」と言ってやるほうが良い**のです。

なぜかと言えば、PNPアプローチは叱るということを通して、相手に「期待している」と伝えることになるからです。

リーダーであるあなたがメンバーに期待してあげなければ、メンバーがマイナスな点を改善することは、まずないと考えましょう。

Chapter

5

フィードバック＆質問で
メンバーを育てる

23 フィードバックと質問を通じてメンバーを伸ばす

●「伸びたい！」を刺激するためにフィードバックする

チームのメンバーを育てることは、リーダーにとって大切な仕事です。メンバー1人ひとりが育てば、必然的にチームのパフォーマンスは高くなります。

メンバーを育てるためにリーダーはどうすればいいのでしょうか？

もちろん、教育や訓練の機会を持つことが大切なのですが、そのような機会はとても限られています。

それに対して、**ディズニーの考え方は、「日常の業務に教育的な要素をインプットする」というもの**です。

ただし、リーダーが一方的に教育的な要素を投げかけるという方法ではなく、メンバーであるキャスト自らが教育的な要素を受け入れ、消化し、考え、さらには膨らますことのできる双方向の方法を良しとしています。

その代表的な方法が、フィードバックと質問です。

ディズニーのリーダーは、日常の業務の中で、キャストとの会話にフィードバックと質問を効果的に織り込み、キャストの「伸びたい！」を刺激します。

そして、このとき、リコグニションが意識されます。メンバーのことを認め、そのメンバーの蓄積や経験、思考の深さをよく理解しつつ、成長を促し、サポートすることがメンバーのやる気を引き出すことにつながるのです。

フィードバックでは、キャストの行いを客観的に評価して伝えることで気付きを与え、キャスト自身が自分のあり方に関心を持ち、あるべき姿に向かって前進する意欲に点火します。

また、「○○について、どう思いますか？」というような質問によって、キャストに考えるきっかけを与え、情報や知識を、実際のアクションに結び付けるよう働きかけています。

この「Chapter5」では、チームのメンバーに効果的に働きかけ、メンバーを育てるフィードバックと質問のスキルをご紹介します。

●フィードバックは「言葉のプレゼント」

フィードバックは、リーダーにとって、必要不可欠なコミュニケーションです。とはいえ、フィードバックは難しい、苦手だという人も多いでしょう。

その原因の1つが、フィードバックを堅苦しく考えすぎてしまうことです。その結果、リラックスしたコミュニケーションができず、軌道修正のフィードバックが「攻撃」や「否定」のニュアンスで伝わってしまうというものです。

もう1つの原因は、その逆で、あまりにも安易に気配りなくフィードバックすることで、「あなたに何がわかるのか！」とメンバーの「反発」を生み出してしまうパターンです。

いずれの場合も、本書でお伝えしてきた、「相手を認め、受け入れる」というリコグニションがあれば、本来起きないものです。

その証拠に、ディズニーのリーダーたちは、日常的にフィードバックを上手に使い、活力のあるチームを作り出しています。

ディズニーでは、「フィードバックとは、後輩キャストがもっとステキなキャストになるために、相手の良いところや改善点を伝える言葉のプレゼント」であると教えています。

フィードバックという言葉だけだと堅苦しい気がしますが、「言葉のプレゼント」と言われると、まったく違った印象を受けませんか？

ディズニーのあるリーダーは、こう言っています。

「フィードバックと言うと、〝改善点を伝える〟ことと思いがちですが、私は〝**良いところを見つけて相手に伝える**〟ように心がけています。

良いところを見つけるためには、相手をよく見て、知る必要があります。そのために、日頃から仲間の行動を人一倍気にかけるようにしています」

「なるほど」と思う反面、「あれ？」と思う人がいるかもしれません。

「良いところをほめてばかりで、軌道修正はどうするのだろう？」という疑問です。

ディズニーでは、軌道修正のフィードバックはしないのでしょうか。

いいえ、そんなことはありません。「Chapter4（112ページ）」でご紹介したサンドイッチ型のＰＮＰアプローチ、あのやり方で軌道修正を行います。

ただ、より「良いところを見つけて相手に伝える」ことに重点が置かれているということです。

・言葉のプレゼント（１）……良いところ１つ
・言葉のプレゼント（２）……良いところ１つ
・ＰＮＰアプローチ　……良いところ１つ、改善点１つ
・合計……良いところ３つ、改善点１つ

たとえば、このように、**常日頃から良いところを伝えるフィードバックの量を増やすことで、ＰＮＰアプローチを良好に行う土壌を整えている**のです。

24 フィードバックでパフォーマンスを向上させる

●「良いところ」の「なぜ」や「どうして」を伝える

ディズニーのリーダーがキャストに贈る「言葉のプレゼント」とは、どのようなものなのでしょうか。

「良いところを見つけて相手に伝える」ことで、どのような成果をキャストとチームにもたらしているのでしょうか。

1つの例を挙げてみましょう。

ゲストが続々とパークに入園する、オープン直後の東京ディズニーランド。

ワールドバザール周辺で清掃をしていたカストーディアル・キャスト（パーク内の清掃スタッフ）が、ある家族連れのゲストに目を向けると、何か気付いたように満面の笑みとともに「お誕生日、おめでとうございます！」と声をかけました。

そう言われた幼い男の子は大喜びで「ありがとう！」と元気な返答。見ると、男の子の胸にはバースデーシールが貼られていました。

カストーディアル・キャストはさらに「お写真、お撮りしましょう！」と申し出て、シンデレラ城をバックにご両親と男の子が嬉しそうに立つ記念写真を撮影しました。

このちょっとした出来事にご家族は大満足で、「ありがとう」と何度も言いながらその場を立ち去ったそうです。

この様子を見た先輩キャストが、そこで、すかさずこのカストーディアル・キャストにフィードバックしました。

「○○さん、今の対応、良かったね。

それから、あのご家族のゲストの素晴らしい笑顔、忘れちゃダメだよ。バースデーシールをつけたお子さんも嬉しそうだったけれど、ご両親が本当に喜んでいらっしゃった。

ところで、あの笑顔はどこから生まれたか、わかるかな？

私は、○○さんの笑顔があのご家族に伝わったんだと思う。

『ゲストはあなたの鏡』という言葉を、○○さんの対応で思い出したよ」

そう言われたカストーディアル・キャストは、ちょっと照れくさそうでしたが、その目には何かとても大事なものを得た喜びがあふれていました。

この事例では、「バースデーシールへの対応」が主軸ではありますが、そこに「ゲストへの気付き（良く見る）」「笑顔」「撮影のご提案」など、ディズニーが「好ましい」とするアクションがいくつも関連しています。

先輩キャストは、「ゲストはあなたの鏡」という言葉で、こうした好アクションを認め、「ゲストの喜びを創ったのはあなただ」と示しています。

それは、「この仕事の喜びは、これからもこうした対応・アクションをすることで得られる」という示唆《しさ》にもなっています。

このフィードバックは、その後のカストーディアル・キャストの仕事への姿勢に大きく影響したに違いありません。

●仕事のパフォーマンスと、喜びややりがいを結び付ける

人は、常に100％以上のパフォーマンスを発揮できるかと言えば、そうではありません。ときに応じて90％、80％、あるいは70％ということもあります。

ある人のパフォーマンスをトータルして見たとき、それまで「平均80％」だったとしたら、良い行いを見つけてそれをフィードバックすることを継続すれば、「平均90％」あるいはそれ以上に向上させることができます。

なぜなら、**フィードバックされたことで、その人のパフォーマンスと、仕事における喜びややりがいが明確に結び付く**からです。

また、フィードバックによって、その人の中に良い前例が記憶され、それ以下のパフォーマンスにならないように制御が働くという効果も期待できます。

もう1つ付け加えるならば、**フィードバックは、個人の目標とチームの目標を同じ方向に揃える**効果も持っています。ディズニーで言えば、キャストの働く目的とディズニー・フィロソフィーの一体化です。

「自分の行いがチームの役に立ち、チームの成果が自分の喜び・やりがいを大きく

する」ということになれば、より積極的なパフォーマンスを行うモチベーションになります。

そのために、**リーダーはメンバーへのフィードバックの中に、チームのビジョンやコミットメントを意識して織り込むようにすべき**です。

25 フィードバックでネガティブな状態から脱出させる

●悩みを一緒に考え、フィードバックする

ディズニーのリーダーが行う、軌道修正を意図したフィードバックについても、例を挙げて見ていきましょう。

ある新人のアトラクション・キャストは、ＯＪＴを終了してオンステージ・デビューを果たしていましたが、思いどおりのオペレーションができずに悩んでいました。オンステージではさまざまなことが起こり、物事が想定したようには進まないのです。

しかし、彼は自分が思い描く〝あるべき姿〟への思い入れが強く、現状とのギャップを意識しないではいられませんでした。そして、それが彼の顔から笑顔を奪い、ゲ

スト応対にも悪い影響を与えてしまっていたのです。

彼のトレーナーを担当していた先輩キャストはそのことに気付き、何とか彼の力になってやりたいと思い、バックステージの通路で彼に会ったとき、声をかけました。

「悩みがあるなら話してくれないかな。一緒に考えよう」

その言葉に立ち止まって、彼は自分の悩みを一気に打ち明けました。

先輩キャストはやさしい表情で、ときどき頷《うなず》きながらその話を最後まで聞きました。

聞き終えた後、先輩キャストは通路の先の階段まで行くと、トントンと1人で階段を数段上《のぼ》って踊り場から「ここまで上《のぼ》ってごらん、一歩で」と彼に言います。

「えっ」と、混乱する彼に先輩キャストはこう言いました。

「無理でしょう。でも、○○さんが今やろうとしていることは、これと同じだよ。たとえば、一段飛ばしで上《のぼ》ったとしても、途中で踏み外すかもね。じゃあ、どうやったらここまで確実に来られる？　一段ずつ上《のぼ》ることだよね。**1つひとつできることを積み重ねれば、必ず目標にたどりつけるのさ**」

それ以来、彼から焦りが消え、1つひとつの手順を確実に行う集中力が発揮されるようになりました。そして、何よりもイキイキとした表情が彼に戻って来たのです。

●なぐさめよりも「しっかりして！」と言うべきときもある

もう1つの例を挙げてみましょう。こちらは、パークでの経験を積んで中堅に育ってきたキャストが抱きがちな欲求不満に対しての軌道修正フィードバックです。

あるカストーディアル・キャストが、うつむいてバックステージで休憩をとっていました。とくに仕事がうまく行かなかったわけではありませんが、ちょっとした出来事が原因でした。

彼女と同期でキャストになり、同じようにキャリアを積んできた仲間が、「ファイブスターカード（上司から、素晴らしいパフォーマンスを発揮したキャストに手渡されるカード）をもらった！」とはしゃいでオフィスに帰って来たのです。本来なら「良かったね」と言葉をかけるべきなのに、彼女は黙ってオフィスを出ました。

やがて、バックヤードに現れた先輩に、彼女は不満を吐露《とろ》しました。

「自分だって同じぐらいのことをやっているのに、なぜ認めてもらえないんだろう」

それに対して、先輩キャストはなぐさめではなく、次の言葉を彼女に返しました。

「○○さんの気持ちはわかるよ。でも、今の話を聞いて私が思ったことを言ってもいいかな。○○さんはものすごく仕事に一生懸命だけれど、大事なところで間違っていると思う。

私たちは、カードのために働いているんじゃないよね。ゲストのために働いているんだよね。ゲストはカードをくれないけれど、もっと素晴らしいものをくれるんじゃないかな」

その言葉は、日頃、柔和《にゅうわ》な先輩のものとは思えない強さを持っていました。彼女はハッとすると、先輩の言葉を自分の胸の内で繰り返していました。

そして、目から湧《わ》き出そうな涙をこらえて、先輩に「ありがとうございます。**今の言葉を私のファイブスターにします**」と答えたのでした。

フィードバックは、お互いの信頼をベースに「率直」に行うことが大切です。まずは、「メンバーの気持ちになる」「メンバーの悩みを理解する」というリコグニションからスタートすべきなのです。

そして、悩みの中にいて視野が狭くなっている相手に対して、第三者的な視点で軌道修正の方向を示すことです。

ディズニー流のフィードバックは、ネガティブな状態にあるメンバーに対して、一緒に悩み、考え、そして悪い状態から抜けられるように手助けするという意識が強く働いています。

26 「『SCSE』で考えるとどうなるだろう?」

●質問を通じて、行動基準を理解してもらう

最近では、コミュニケーションにおける「質問」の効果が大いに注目され、質問を有効に使うスキルについてもいろいろ研究されています。

たとえば、営業活動やコンサルティングなどの場面では、有効な質問を駆使することで、ニーズの把握や、相手の意向を確認することが行われています。

また、コーチングでは、「すべての答えは相手の中にある」という考え方に基づき、対象となる相手から、質問によって答えを導き出すプロセスが重視されています。

ディズニーにおける質問スキルは、コーチングの考え方に近いものですが、ここではリーダーが部下や後輩、チームのメンバーを上手にリードし、あるいは啓発してい

くために最も重要で、シンプルな質問を取り上げたいと思います。

東京ディズニーランド開園以来（いや、開園以前から）、数限りなく発せられてきた質問が、「『SCSE』で考えるとどうなるだろう?」です。

36ページでお伝えしましたが、「SCSE」は、すでに多くの人の知るところとなった、ディズニーパークにおける4つの行動基準を表すカギです。

S＝Safety（安全）
C＝Courtesy（礼儀正しさ）
S＝Show（ショー）
E＝Efficiency（効率）

この4つの行動基準は、パーク・オペレーションにおいて最も重要であると位置付けられており、ハード、ソフトの別なく、すべての物事がこの4つに立脚していなければならないとされています。

また、4つのカギは優先順位の高い順に配置されています。つまり、4つの中でも最重要なものは、最初のS（安全）ということになります。

「『SCSE』で考えるとどうなるだろう?」という質問は、基本的には、何事も4つの行動基準に当てはめて考え、行動するという鉄則を忘れないために発せられます。たとえば、バックステージに箱に入った消耗品が届いたけれども、収納スペースに収まりそうになかったとします。

そんなとき、ディズニーでは「その辺に積んでおけ」では済まされない（つまり、『SCSE』の観点からどうするか考える）のです。

「これは、いい機会だな」と感じたリーダーは、キャストに「『SCSE』で考えるとどうなるだろう?」と問いかけ、消耗品の箱を教材として、**パークの行動基準をバックステージに当てはめて考えるよう導きます。**

問われたキャストは、自分自身の中で消耗品の箱を「SCSE」に照らし合わせて考えます。

「この場所に放置するのは、安全ではないし、ルールにも反します。美観も損ないますし、使うときの効率も悪いです。

ですので、まず、必要な消耗品を補充します。後は収納スペースをチェックして、収まる余地ができないか確認します。どうしても入らない場合、再度、相談させてください」

このような答えをキャストから導き出すことで、ほんの短時間ですが実践的な教育を行っているわけです。

●質問を通じて、ルール違反をいさめる

この他、キャストがパークの運営手順やルールを軽視しているとリーダーが感じたときには、それを指摘して、いさめる前に、キャストに対してこの質問を発します。

質問されて、すぐに自分の間違いに気付くキャストもいますし、そうでないキャストもいます。それでも、この質問から話を始めることによって、ディズニーパークの

原理原則をベースに対話を行い、キャスト自身が間違いについて悟るように促すのです。

このように、「SCSE」を飾り物とすることなく、日々の業務の中で活かすための起点として、「『SCSE』で考えるとどうなるだろう?」という質問はなくてはならない必需品となっていると言えるでしょう。

あなたのチームに、ディズニーにおける「SCSE」のような鉄則はあるでしょうか?

それは、あなたのチームの根幹であり、またあなたのチームがお客様に約束するパフォーマンスの源でもあります。

それが明確ならば、**あなたもまたメンバーに対して、「○○○○で考えるとどうなるだろう?」という質問を繰り返し行うべきでしょう。**

その反復は、その鉄則が重要であればあるほど、効果的であるはずです。

27 「あなたはどう思う?」と考えさせる

● 考えてもらうことでメンバーの成長を促す

〝上から目線〟のリーダーは過去のものとなりつつあります。

メンバーを支援するスタイルを持った、リーダーが必要とされているのです。

本書ではそのモデルをディズニーのリーダーに求め、彼らのリーダーシップを紹介しています。

その中でも象徴的なのが**「あなたはどう思う?」という質問**です。

これまでは、メンバーはリーダーに依存していました。メンバーは、「リーダー、どうしましょう?」と問い、リーダーは「こうしよう」と答えたものです。

しかし、これからは「リーダー、どうしましょう?」という問いに、「こうしよう」という答えを返すべきではないのです。

あるディズニーリーダーが、そんなアプローチについて次のように語っています。

「新人キャストのトレーニングをしているとき、バックステージでキャスト同士が挨拶もせずに、少し気が抜けている場面に出くわしてしまったのです。

それを見た新人キャストは、『キャスト同士って、挨拶しないんですか?』と聞いてきました。

私は、答えるかわりに『あなたはどう思いますか?』と問いかけました。

何が正しいのか、考えてもらいたかったのです。

新人キャストは『挨拶したほうが良いと思います』と答えてくれました。

その後、そのキャストがオンステージ・デビューした後、バックステージで、仲間のキャストに笑顔で挨拶しているのを見て、心から嬉しく思いました」

また、別のリーダーはこんな話をしています。

「後輩キャストに何か質問された際、ただ私自身の考えを伝えるということが一番良い方法ではないと思います。

まず、**後輩に『なぜそう思ったのか』『どうすれば良いと思うのか』と問いかけます。そして、後輩と同じ目線に立って、1つの問題について一緒に考えていくようにしています」**

「リーダー、どうしましょう？」という質問に、即座に「こうしよう」と答えていると、あなたを頼る部下や後輩、メンバーは自分で考えることをやめてしまいます。

そして、言われたことに対して「なぜ」という意識も持たず、ただ実行するだけになります。

そこには、教育的な刺激はなく、彼らは成長する意欲を膨らますこともありません。

しかし、「あなたはどう思う？」という質問1つで、その構図はなくなります。

部下や後輩、メンバーは、自分の知識や情報、経験だけでなく、チームの中にストックされたソースを活用し、自らの意見を形成することになります。

●常にリコグニションを意識して質問する

良い質問は、良いコミュニケーションを生み出し、良いコミュニケーションは、良い成果を生み出します。良い成果は、「人をその気にさせる」「人を伸ばす」ということにつながります。

何度もお伝えしていますが、これからのリーダーに求められるのは、メンバーに「(何かを)させる」ことではなく、メンバーが「(何かを)してみたくなる」ようにすることです。

ここに挙げた「あなたはどう思う?」という質問から、チームに「(何かを)してみたくなる」ような熱を生み出すことが可能です。

ただし、それには1つの条件があります。

それは、本書がよりどころとしているリコグニションを、リーダーが確かな信念と情熱を持って行っているということです。

「あなたのために一緒に考え、手助けしている」というリーダーの気持ちが、メンバーにしっかり伝わっていれば、メンバーは安心して、自らの成長への意欲を燃やすことでしょう。

Chapter

6

チームワークを引き出す

28 チームワークはメンバーの中にある

●「チームを機能させる」ことを意識する

チームを率いるリーダーには、チームを機能させて、高い成果（アウトプット）を生み出すことが求められます。これは、たとえ成果主義をとっていない組織においても、逃れることのできない現実です。

インプット以上のアウトプットを生み出すことができるのは、人間だけだと言われています。

そして、アウトプットの最大化は、1人よりもチームとして活動すること（チームワーク）によって生み出されます。

そのために、**リーダーはチームを管理したり、まとめたりするだけでなく、「機能させる」ことを意識的に行う必要があります。**

●チームを機能させる2つの方法

では、ディズニーのリーダーは、どのようにチームを機能させているのでしょうか。

1つには、「イメージ喚起」ということがあります。

①自分たちのチームは、どんなチームなのか
②そのチームが機能するということはどういうことなのか
③チームが機能して目的・目標を達成するとどんな喜びが待っているのか

そうしたことを、具体的に示して行きます。

もう1つには、「連係の意識付け」があります。

①この仕事は単独でなく、他の仕事と連係している
②自分の仕事をうまく行うには、仲間のサポートが不可欠だ

③連係するとこんなにうまく行く

これだけではありませんが、チーム内での連係を常にピックアップして意識付けしているのです。

この「Ｃｈａｐｔｅｒ６」のタイトルは、「チームワークを引き出す」です。**チームワークは、何もないところに成立するものではなく、リーダーをはじめとした、チームを構成するメンバーの中にあります。**

それを顕在化して見えるようにするのが、リーダーの役割です。

以下、ディズニー流のチームを機能させるポイントについて、より詳しく見て行きましょう。

29 チームの「あるべき姿」をメンバーと共有する

●イメージ共有のないチームは弱い

あなたは、自分のチームの「あるべき姿」を、はっきりとイメージすることができているでしょうか？

また、そのイメージをチームのメンバーに具体的に話しているでしょうか？

「自分のチームのあるべき姿」は、チームのパフォーマンスに非常に大きな影響を及ぼします。

たとえば、あるサッカーチームのメンバー全員が「自分たちは攻撃的だ」と考えているのと、「自分たちは守備的だ」と考えているのとでは、まるで違う判断・アクションあるいはメンタリティーになるでしょう。

ただし、ここで指摘したいのはもっと基本的なことで、自分たちのチームが攻撃的なのか、守備的なのか、というような「イメージ共有」をしているかどうかということなのです。

サッカーのチームならば、たいていは「チームがどういうサッカーをしたいのか」イメージを共有しているはずです。

ところが、職場では、チームのイメージが共有されているほうが少ないのではないでしょうか。

その状態では、チームを機能させることはできません。イメージ共有のないサッカーチームが容易に勝利を挙げられないのと一緒です。

前項で、ディズニーのリーダーが行う「イメージ喚起」の項目を3つ挙げました。

①自分たちのチームは、どんなチームなのか
②そのチームが機能するということはどういうことなのか
③チームが機能して目的・目標を達成するとどんな喜びが待っているのか

これをもう少し具体的に噛み砕き、チームのイメージづくりと共有化の参考にしていきたいと思います。

●チームのイメージを具体的に描くには?

「ディズニーパークは1つのチームです」という言葉があります。

ディズニーのイメージを、この言葉からひも解きましょう。

◎前提（イントロダクション）

東京ディズニーランドや東京ディズニーシーは、テーマパークです。

テーマパークは、「ディズニーの映画を観るだけでなく、お客様がフィルムの世界へ飛び込んで楽しめるようなパークを創ろう」というウォルト・ディズニーの発想から生まれました。

そこではディズニーのテーマショーが繰り広げられています。施設に優劣はなく、すべてがテーマパークの重要な要素です。

キャストも同様に全員がテーマパークの住人であり、テーマショーの登場人物です。

ゲストが物語の主人公として1日をハッピーに過ごせるように、ディズニーパークは1つのチームとして機能します。

①自分たちのチームは、どんなチームなのか

私たちは、テーマショーの主人公であるゲストがハッピーな1日を過ごせるように、テーマパーク（テーマショー）を運営するプロフェッショナルな1つのチームです。

②そのチームが機能するということはどういうことなのか

チームの全員が連係し、よどみなくテーマショーを運営します。ゲストは日常を忘れ、ディズニーの夢の世界を体験します。パークにはゲストの笑顔があふれます。

③チームが機能して目的・目標を達成するとどんな喜びが待っているのか

ゲストの幸せは私たちの喜びとなります。他にない幸せを届けることができたという達成感は、私たちの自信となり、やがては誇りとなります。

それぞれはほんの数行の言葉ですが、このイメージでキャストのベクトルは同じ方向を向きます。

こうしたイメージがあれば、毎日の仕事を0（ゼロ）からスタートさせるということはありません。

始業（ディズニーで言えばコスチュームに着替えたとき）とともに、このイメージを確認することで、仕事への心構え、やる気にスイッチが入り、後は実行あるのみという状態に、自動的にモチベートされるのです。

あなたも、自分のチームのあるべき姿をこのように描き、それをチームのメンバーに伝え、定着させましょう。

30 チームは誰のためにあるのか考える

●チームはチームのためにある

チームを機能させるためには、チームのメンバーが共有しなければならない意識があります。

それは、「チームは誰のためにあるのか」ということです。

たとえば、「チームは自分のためにある」と設定したらどうでしょう。メンバーがそう思っていたのでは、目標も判断基準もバラバラになってしまいます。この考え方をとっている限り、チームとしての力は発揮されません。

また、「チームは会社のためにある」という考え方もあるかもしれませんが、それはやらされ感を生み出しこそすれ、メンバーがやる気になることは期待できないでしょう。

では、「チームはお客様のためにある」と考えてみたらどうでしょう。

この考え方は、たしかに正しいのですが、これもまた、メンバーがやる気になる材料にはならないでしょう。人は、「正しさ」だけでは120％の力を出すことはできないものです。

私の提案は、「チームはチームのためにある」というものです。

今ここにあるチーム、それは唯一無二のものです。

「あなたと、あなたと……、私」という、他に代えられない個性が集まり、1つの方向性を持って動いていくものです。チームは人ではありませんが、有機的で、生き物のように意思を持っています。

このチームには目標があります。その目標を達成し、成功を目指すのは、個々のメンバーや会社のためではなく、まさにこのチーム自身のためであるべきです（結果、それが個人にも会社にも好結果をもたらすのです）。

ディズニーには、組織文化として「チームはチームのためにある」という考え方が根をおろしています。

ここでは、ディズニーの教育最前線であるディズニーユニバーシティでインストラクターを担当する、ユニバーシティ・リーダーを例に挙げてみましょう。

ちなみに、ユニバーシティ・リーダーは教育専門のキャストではなく、パークで働くキャストが自ら立候補し、1年間の任期中、元々の仕事と兼務でインストラクターを務めるディズニー独自の教育担当です。毎年、15名程度が選ばれます。

あるユニバーシティ・リーダーは、自分の任期を終了した感想として、次のように話しています。

「同期のリーダーたちと初めて会ったとき、『このメンバーで最高のチームを作るんだ！』とみんなで心に誓いました。あの日から今まで、嬉しいことも大変なこともチームとして共有し、いろいろなことにチャレンジしてきました。今はともに成長してきたチームメイトへの『ありがとう』の気持ちでいっぱいです」

「初めてオリエンテーションを担当するときに、リーダーのみんなに『行ってらっしゃい！』と見送ってもらったことが忘れられません。準備中は緊張していても、仲間の笑顔を見ると緊張さえも楽しさに変わりました」

ユニバーシティ・リーダーは、チームとしてインストラクションを行うわけではありません。基本的には1名か2名で、各自が担当する教育プログラムを実施します。けれども、彼らは同じ年に選ばれた仲間をチームとして意識し、その意識をポジティブなパワーとして年間を通した教育成果を挙げようと考えました。

それが、「最高のチーム」という言葉に表れています。

そして、嬉しさも困難もチーム全員で共有し、緊張する仲間には笑顔と声をかけ、支え合いながら成長を図ったのです。

●「チームのために何ができるだろう？」と問いかける

あなたのチームを機能させ、チームワークを引き出すためには、まず「チームはチームのためにある」という意識をメンバーに持ってもらうことです。
リーダーであるあなたは、その意識付けを行うとともに、「Ｃｈａｐｔｅｒ５」で取り上げた質問スキルを有効に駆使しましょう。

「このチームのために、○○さんは何ができるだろう？」

とメンバーに問いかけ、「フォア・ザ・チーム」の実践を引き出すのです。

このとき忘れてはいけないこと、それはリコグニションです。
一方通行で意識付けし、質問しても、メンバーの心は動きません。まずメンバーのことを認め、しっかりつながることです。
その上で、「自分は、このチームに参加している」という一歩を引き出します。

「認めて、引き出す」——このリコグニションが、「チームはチームのためにある」という言葉に当事者意識を芽生えさせるのです。

31 連係を「見える化」する

●ディズニーキャストは積極的に連係する

あなたのチームに、チームの「あるべき姿」のイメージが共有され、メンバーが「チームのために」と考え、動くようになりました。

チームは、とても良い方向に向かっています。

そこで、次のステップとして、145ページで挙げた**「連係の意識付け」**を浸透させて行きましょう。

①この仕事は単独でなく、他の仕事と連係している
②自分の仕事をうまく行うには、仲間のサポートが不可欠だ
③連係するとこんなにうまく行く

ただし、これもリーダーが言葉として話しているだけでは、メンバーの判断や行動に影響を与えることはなかなかできません。

大事なことは、**連係を「見える化」する**ことです。

チームワークを、メンバーの頭の中にとどめておくのではなく、仕事の現場に〝動き〟として発生させるのです。

これができれば、**かけ算でチームワークは良くなります。**

たとえば、次のような例があります。

ディズニーパークの中のあるショップに、困り顔のゲストがやって来て、近くにいたキャストのAさんに「この周辺で携帯電話を失くしてしまったのだけれど、落とし物はないですか？」と尋ねました。

Aさんはゲストに「それはお困りでしょう」と対応し、そのショップのバックステージで落とし物が保管されていないかを確認しました。

バックステージで作業をしていた他のキャストにも聞いてみましたが、携帯電話の落とし物はありませんでした。

遺失物を担当するメインストリート・ハウスに電話で問い合わせようとしたAさんに、その場にいたキャストのBさんが「それなら、私が問い合わせるから、Aさんはここではお預かりしていないことをお伝えして、もう一度ショップ内を一緒に探して差し上げたら」と声をかけてくれました。

そして、Aさんがゲストと再度ショップ内を探している間に、Bさんはメインストリート・ハウスに問い合わせ、そこで遺失物として保管されていることを突き止め、ゲストにそのことをお伝えし、メインストリート・ハウスをご案内しました。

この例のように、ディズニーのキャストをよく見ると、彼らが連係プレーを意識していることがわかります。

アトラクションの運営において、ディズニーのキャストには、「自分の持ち場の仕事を遂行している」という意識と、そのアトラクションを運営する**「他のキャストの状況を見ながら連係する」**という意識との、両方の意識があります。

ディズニーのキャストが、それらの意識のどちらを強く持っているかと言うと、半々か、むしろ後者のほうが強いくらいだと思います。

それは、レストランでもショップでも変わることはありません。

●連係プレーを解説する

もし、あなたのチームで前述した事例のようなことが起きたとしたら、リーダーであるあなたはすかさずそれを活用しなければなりません。

何もしないのは論外として、2人をただほめただけではもったいない限りです。

メンバー全員に、朝礼などで報告し、さらに連係プレーの解説を行いましょう。

◎メリット

①キャストが連係して対応したので、ゲストは1人で長く待たずにすんだ
②キャストが一緒に探したことで、ゲストはショップ内を心置きなく探せた
③また、一緒に探してくれるキャストがいることでゲストは不安が紛《まぎ》れた

◎2人の連係プレーについて

①2人は、キャストに〝現場としてできる最良の対応〟を行おうと考えた
②Bさんは、自分から連係を申し出た
③チームとして機能し、ゲストに喜んでいただいた

チームに、連係プレーを植え付けるには、先の事例のBさんのように、仲間の動きに反応して声かけすることを頻発させなければなりません。

そのために、**リーダーがこのような事例を取り上げ、解説し、「仲間を見る＋声かけする」ことの重要性を訴えかけることが大切**です。

言い換《か》えれば、こうした良い連係を「チームとしてリコグナイズする（認める）」ということが、次の連係プレーを生み続ける秘訣なのです。

32 「私の仕事ではない」と言わない

●「リーチングアウト」を実践する

「チームワークを引き出す」キーワードとして、**「リーチングアウト」**＝「手を外に伸ばす」についてお話ししましょう。

私の考えですが、リーチングアウトこそ、チームワークを生み出す重要なカギです。

リーチングアウトは福祉分野などで使われるときには、「手を外に伸ばす」→「他者に手を貸す」から転じて「支え合い」の意味となるようです。

あまり聞き慣れない言葉かもしれませんが、CS（お客様満足）を実践する会社で、現場力向上のキーワードとして使われることがあります。

その場合の「手を外に伸ばす」とは、**自分の役割や持ち場だけに固執《こしつ》せず、領域外でも必要とあれば手を伸ばし、関わっていく**ことを表しています。

リーチングアウトのある・なしについて、野球に例えて考えてみましょう。

あるチームは、「自分の持ち場以外には手を伸ばさない」という選手しかいません。こういうチームでまず破綻《はたん》するのは守備です。

自分の守備範囲を選手が勝手に決めているので、至《いた》るところに穴があり、相手のチームは容易にヒットを打つことができるでしょう。

また、攻撃もチグハグです。犠打《ぎだ》などは「冗談じゃない！」とヒットを狙いますが、個々人が勝手に野球をやっているので、チャンスがなかなか作れません。

それに対して、別のチームは「リーチングアウト」を合言葉にして、選手もその実践を心がけています。

どの選手も味方の動きに注意を払い、常にプレーのマッチングを図っています。

守備では、周辺の選手の動きに合わせたカバーリングが徹底しているので穴がなく、まさしく「連係」を絵に描いたようなプレーが展開されます。

攻撃においては犠打《ぎだ》をいとわず、チームのためにしぶとく1点を取りに行く戦い方が徹底されています。

このように考えれば、仕事に置き換《か》えたときにどうなるか、想像ができるのではないでしょうか。

●自分自身に限界を作らない

このリーチングアウトと同じベクトルを持つ教えが、ディズニーにはあります。

それは、**「『これは私の仕事ではありません』と言わない」**というものです。

「私の仕事ではありません」という姿勢は、私の仕事の中だけを見て、私の都合で考え、私の仕事の領域にだけ手を付け、「他の仕事は関係ない」ということです。

ディズニーではそれではダメだと教えています。他の仕事もあなたを必要としているし、場合によってはあなたの仕事になると思わなければいけないと言うのです。

これはまさにリーチングアウトの考え方です。

リーチングアウトに、ディズニーの教えを重ね合わせて見ると、「手を外に伸ばす」

ということの本質が見えてきます。

リーチングアウトの精神で最も重要なことは、「自分の持ち場以外に積極的に手を伸ばす」ということよりも、**「自分自身に限界を設けない」あるいは「自分自身の限界を取り払う」**ということなのです。

●「受け入れる」＋「手を伸ばす」

本書では、リーダーシップのベースとしてリコグニション（相手を認め、受け入れる）の重要性をお話ししてきました。

そして、この「Ｃｈａｐｔｅｒ６」ではチームワークについて考え、リーチングアウトというキーワードを提示しました。

リコグニションとリーチングアウトは、「受け入れる」「手を伸ばす」という訳語だけを見ると別々のことを言っているようですが、実はとても相性が良く、お互いを補完する考え方だと思います。

リーチングアウトは、相手を受け入れ、認め、信頼しなければできません。

リコグニションするには、自分に限界を作らず（壁や区切りを設けず）、手を差しのべることが重要です。

あなたのチームではどうでしょう？　メンバーはリーチングアウトすることができているでしょうか？

また、あなた自身はどうでしょう？　自分に限界を設けず、手を外に伸ばしているでしょうか？

チームを機能させ、成果を挙げていくために、リコグニションとリーチングアウト、この2つの軸をしっかり設定し、チームを成長させて行きましょう。

33 真のチームワークを発揮する

●連係して新しい価値を生み出す

チームは、単に人が集まったというものではありません。

1つの目標を全員が共有し、それに向けて前進していく組織がチームです。

その意味で、チームワークは、「チームで行う仕事」というレベルにとどまりません。

仕事上では、チームワークを「効率アップのための分業」と考えることがありますが、私はそれも違うと思います。

真のチームワークは、チームのメンバー1人ひとりが最高のパフォーマンスを発揮しながら、連係して新しい価値を生み出す〝協働〟でなくてはなりません。

ここに5人のチームがあったとして、その5人が1つの業務を分担して進めているだけでは、たとえそれがスムーズに行われていたとしても「まだまだ」と評価すべきなのです。

チームワークにおいて「素晴らしい！」と評価するには、この５人のチームが担当業務を順調に進めながら、次のようなレベルに達する必要があります。

①彼らだからこそ、自覚できるロスや課題を見つけ出し、その改善策を考え、実施した

②新しい発想・企画によって、従来の仕事の価値を超える何かを生み出した

③彼らの業務を洗練し、そこで得たエッセンスによって社内改革に貢献した

いかがでしょうか？　なかなか難しいことかもしれませんが、すべてのチームはこうした意識を持つべきではないかと思います。

●真のチームワークを生み出すために「小さな改善」を繰り返す

ディズニーパークにおける、１つのチームワークをご紹介しましょう。

ある人気ショップでは、ゲストとのコミュニケーションについて、問題提起がありました。

「忙しいとどうしても、最小限の『ありがとうございます』程度になってしまうが、それで良いのだろうか？」というものです。

その問題について、キャスト同士で話し合い、**プラス一言を実践しよう**ということになりました。

フレーズについてもキャストの意見を集約し、**「どこからいらっしゃいましたか？」**に決めました。

レジ担当のキャストは、精算のちょっとした合間を活かして、ゲストに「どこからいらっしゃいましたか？」と声かけをします。

ゲストの「福岡から来ました」というような答えに、「遠くからいらしてくださったんですね。ありがとうございます！」と感謝の言葉を返します。

ほんの小さなやりとりですが、ゲストに親しさを感じていただくことに成功しました。

さらに、このチームワークには、バックステージの仕掛けもありました。

壁に大きな日本地図を貼っておき、レジ担当のキャストがバックステージに戻ったときに、対応したゲストの都道府県名にシールを貼ることにしました。

さらに、全都道府県制覇を達成したときに、ちょっとしたお祝いイベントを行うことにしたのです。

この試みはゲスト、キャストいずれからも好評で、他のショップにも広がりました。

「なんだ、そんなことか」と思われるかもしれません。ですが、「ミニマムの接客を実施し、レジ対応をスムーズに行う」という既定のレベルに満足せず、自分たちで新しいコミュニケーションを生み出した好例だと思います。


こうしたことをチームで行う習慣を定着させ、小さな試みを積み重ねることが、真のチームワークに至《いた》る道なのです。

また、こうした試みを行いつつ、チームワークにおけるPDCA（Plan-Do-Check-Action　計画・実行・検証・改善）サイクルを回して、常に最善の方法を追求することも重要です。

●メンバーの参加意識を引き出す

また、この試みには思わぬ副産物がありました。

キャスト1人ひとりの参加意識を引き出すことにつながったのです。

というのも、日本地図に貼られていくシールがどんどん増えていくことで、「こんなにも全国からゲストが来てくださっている」という励みにもなりますし、キャスト1人ひとりが「私たちチーム全員でキャンペーンを成功させるんだ」と一体感を生み出したのです。

それは間違いなく、「私たちはディズニーのチームの一員である」という思いを、キャストの心に強く認識させることになったはずです。

チームワークをメンバーから引き出し、その取り組みを強化していくためには、そのような**参加意識づくり**が不可欠なのです。

Chapter

7

困難に対処する

34 「もしも」のときにも負けないチームを作る

●チームの困難を想定しておく

ここまでリコグニションを軸とした、ディズニー流のリーダーシップと、そのリーダーシップを活かしたチームワークについてお話ししてきました。

ディズニーパークという非日常的な場所で培《つちか》われてきた、このリーダーシップのスタイルは、これまでは一般企業で活用することなど、想像しがたいものだったかもしれません。

けれども、外に向けては人のつながりを活かし、内においてはチームとして〝協創〟するという働き方をする今日《こんにち》のチームにとっては、なくてはならないリーダーシップです。

あなたは、すでにこの新しいリーダーシップの担い手となっているはずです。

本書を締めくくる最後の「Ｃｈａｐｔｅｒ７」では、あなたが育ててきたチームを再点検し、あらゆる困難に負けない姿に仕上げていきたいと思います。

本書では多くのページを使って、メンバーが自発的に成長したくなるような、リーダーとメンバーの関係づくりとその方法についてお伝えしてきました。あなたとメンバーとの関係は、すでに強いものになっていることでしょう。

しかし、チームには思ってもみなかった外部からの力が加わったり、当初は想定していなかったような内部的な揺らぎが生じたりするものです。

そうしたことを想定し、あらかじめ準備し、手を打っておくのは、リーダーであるあなたの役割です。

また、そのような困難に対してこそ、メンバーを信頼し、彼らの力を大いに発揮してもらえるように導いていくことが大切だと言えるでしょう。

メンバーが自ら「チームに参加している」という意識を持つことが、チームのパフォーマンスを大きくするためには不可欠なのです。

それでは、自信を持って、あなたのリーダーシップとチームの仕上げに取りかかりましょう。

35 メンバーがやる気をなくしてしまったら……

●再リコグニションする

人は常に同じでいることはありません。好調なときもあれば、不調なときもあります。

あなたのチームのメンバーが、ちょっとしたことで自信を失ってしまうことや、「面白くない」とやる気をなくすことがあっても不思議ではありません（むしろ、そういうことが起きるほうが普通なのです）。

チームがうまく機能しているときに、1人のメンバーがやる気をなくすことでどんなことになるか、考えたことはあるでしょうか。

高速道路で、疾走《しっそう》するクルマを運転している状態をイメージしてください。スピードは、クルマの直進方向に安定性をもたらします。

そのまま4輪が回転し続ければ、運転はたいへんスムーズです。

ところが、1つのタイヤがパンクしたとします。クルマはたちまちに安定性を失い、それどころか操縦不能に陥るかもしれません。高速であればあるほど、機能していればしているほど、それを支える1つの要素（タイヤ）を失うことは、クルマの運転に大きく影響します。

もし、**あなたのチームのメンバーがやる気をなくしてしまったら、チームは操縦不能になるかもしれません。**はじめのうちは、他のメンバーも、やる気をなくしたメンバーのことを、「どうした？」と気にかけ、心配するでしょう。

しかし、その状態が続くとチームが機能しなくなるので、だんだんと不満を持つものです。リーダーであるあなたは、早期に手を打ってそんな状態を打開しなければなりません。

1人のメンバーがやる気をなくした原因は、いろいろあるでしょうが、こうしたとき、ディズニーのリーダーはまず自分自身を振り返ります。

「自分のリコグニションが欠けていたからではないか？」

あなたも、配属になった当初やチーム発足《ほっそく》時などは、メンバー1人ひとりとのリコグニションを気にしていたことでしょう。

しかし、時間が経《た》ち、チームが一定の姿で機能するうちに、メンバー1人ひとりに対するリコグニションが薄らいでいたということはないでしょうか。

また、あなたは一定のペースでリコグニションしているつもりでも、メンバーとしては、もっと深く理解し、認めてほしいと考えているかもしれません。

とくに、そのメンバーが成長過程にある場合、「以前の自分ではない、今の自分をわかってほしい」と思っていることがあります。

もし、**あなたのチームのメンバーがやる気をなくしているようならば、あなたがまず行うべきは「再リコグニション」なのです。**

具体的には、個別に面談の機会を設定し、じっくり相手の話を聞くことです。

このとき、「どう？　最近は……」と相手に水を向けてしまうのではなく、

「最近、1人ひとりの話を聞く機会がなかなか作れなくて申し訳ない。反省しています」

と自分の姿勢を率直に伝えることから始めるべきでしょう。

また、会話の中で、やる気をなくしたメンバーに、「チームワークを乱す」という言葉を投げかけるのは避けるべきです。それは、最もリコグニションに欠ける行為だからです。

●メンバーがやる気を取り戻すとっておきの秘策

もう1つ、チームとしてのリコグニションを具体的に表現することも大事でしょう。

東京ディズニーリゾートでは、「スピリット・オブ・東京ディズニーリゾート」と

いうリゾート全体でのリコグニション活動があることを、「Ｃｈａｐｔｅｒ４」（106ページ）でお伝えしました。

これは、キャストが、素晴らしい行動をしている他のキャストに対し、専用カードにメッセージを書いて称《たた》える活動です。

この考え方を応用して、**やる気をなくしたメンバーに、他のメンバーがメッセージカードを出す**のです。

ただし、お世辞を並べるというのでは意味がありませんので、小さなことでも良いので真実を伝えるようにしましょう。

もし可能なら、やる気をなくした対症療法で行うというより、**そうならないための予防法**として、ディズニーのようにチーム内の恒例行事として、カード交換を行うべきなのかもしれません。

36 自分の存在意義を見失ってしまったら……

●ディズニーのパーキングロット・キャストに学ぶ「存在意義」

個人にとっても、チームにとっても、「自らの存在意義」を確認することはとても重要なことです。それは、「存在意義が否定された」という思いを、仮にでも持ってみればすぐにわかることです。

ところが、私たちは、日常的には意外とそのことに無頓着です。想定された仕事が今日も入ってきて、それに取り組み、仕上げていく、そうした目の前の動きに何となくの安心感を抱き、もっと深いところにある存在意義を確認することを忘れています。

その結果、単純なミスが思ってもみなかった損失を招いたり、交渉のすれ違いによるクレームや取り引き解消などのトラブルなどに至《いた》って、自らの存在意義の危うさに気付くということになります。

ここでは、チームの存在意義について、**ディズニーパークのパーキングロット（駐車場）・キャスト**を題材に考えてみたいと思います。

東京ディズニーリゾートのゲストパーキングは、最大で約2万台の収容能力を持っています。ここで働くパーキングロット・キャストは、パーク内に入ることはなく、考えようによってはエンターテイメントと無縁の仕事をしています。

しかし、彼らは高いモチベーションで、自分たちに課せられた仕事を行っています。

パーキングロット・キャストの存在意義とは何なのでしょう。

彼らの気持ちに刺激を与えてくれるのは、車から降りてワクワクとした期待感を持ってパークに向かうゲストの姿であり、あるいはパークの中での体験を楽しそうに話しながら帰ってくるゲストの姿です。

その姿に、彼らは**パークの中だけがディズニーの世界ではなく、パーキングにもディ**

ズニーのエッセンスが宿っていることを感じるのです。

また同時に、そのエッセンスを振りかけることが、自分たちの仕事の重要な要素であると認識しています。

●プライドを持って仕事に取り組む

「パークは1つのチームである」というディズニーの概念に、パーキングロット・キャストたちがどのように参加しているかと言えば、それは「ゲストのディズニー体験の最初と最後を担うキャスト」ということになります。

パーキングロット・キャストの仕事を求人票に記入するとしたら、駐車料金の徴収や駐車誘導ということになるでしょう。もし、それをそのままの意味で受け取り、存在意義とするならば、彼らが今持っているようなモチベーションは形成できていないはずです。

彼らは、ディズニーの「パークは1つのチームである」という概念をベースに、本当の意味で自分たちの求められていることは何かを考えました。

そして、**「ゲストを最初にお迎えし、またゲストを最後にお見送りするのは自分た**

ちだ」という存在意義を確立したのです。

この部分には他のキャストは立ち会うことができません。彼らだけが唯一、ゲストのその笑顔を知っているのです。

私たちは、一般的に、存在意義を全体の関係から導き出そうとします。また、他者にとっての必要性・重要性、価値を客観的にとらえ、普遍化しようとします。

しかし、本当にそれだけが存在意義を明確にするアプローチなのでしょうか？

「自分の存在意義は、自分の言葉で言えなければ説得力がない」という話をしてくれた人がいました。

まさにその通りだと思います。**あなたのチームにも「こんな価値提供ができる」という自負があるはず**です。

どんな小さなことでもかまいません。それを見つけることが〝自分の言葉〟で存在意義を語る第一歩です。

37 自分の役割が見えなくなったら……

●ウォルト・ディズニーに学ぶ

本書ではすでに何度も、リーダーに求められるのはチームのメンバーに「(何かを)させる」ことではなく、チームのメンバーが「(何かを)してみたくなる」ようにすることであると述べてきました。

しかし、チームの環境づくりや状況設定にとらわれるあまり、リーダー自身の目的意識が希薄になったり、メンバーをサポートすることに忙殺されて大義を見失ってしまうということがあるかもしれません。

そのときには、次に挙げるウォルト・ディズニーの言葉と、彼が残した「役割」についてのお話を思い出してください。

「If you can dream it, you can do it.」

（夢見ることができるなら、それは実現できる）

●ウォルト・ディズニーが語った、自らの「役割」についてのお話

あるとき、ウォルト・ディズニーは小さな男の子の、純粋な質問に答えを詰まらせてしまいました。

それは、こんなやりとりです。


「ディズニーのおじさん、おじさんがミッキーマウスを描いているの？」

「いや、残念だが描いているのは私じゃない」

「それじゃあ、ジョークとかお話のアイデアを考え出したりするの？」

「いや、しない」

「ディズニーのおじさん、それじゃ、おじさんはいったい何をしているの？」

少し考えて、ウォルト・ディズニーはこう言ったそうです。

「そうだな。おじさんは時々、自分を小さなミツバチみたいだと思うことがあるよ。スタジオの中をあっちこっち飛びまわって、花粉を集めて、みんなを刺激するんだ。それがおじさんの仕事かな」

ここに挙げた1つのフレーズと、役割の話をつなげると、ウォルト・ディズニーが夢をどのようにして実現させようとしていたかがわかります。

これは、私の個人的な解釈ですが、ウォルト・ディズニーは「夢見たら、即実現できる」と考えたわけではなく、「夢をイメージとして描けたならば、その姿を追求して自分がミツバチのように飛び回り、多くのクリエイターたちを刺激していくことで、やがては本物にすることができる」と考えたのではないでしょうか。

ウォルト・ディズニーがアニメーション作品にかける情熱は誰よりも熱く、内容や質への注文は誰よりも厳しかったと言われています。

それは、彼が「もっと良い作品にしたい！」「最高のアニメーションを作りたい！」と考えていたからです。

彼の情熱は、リーダーであるあなたにとって、大いに参考になるはずです。

●ウォルト・ディズニーのように、夢を描く

ディズニーのリーダーたちは、自分自身の理想をそのウォルト・ディズニーの姿に見ています。

「最高のパークをゲストに体験してほしい」「キャストとして、最高の運営を行いたい」と彼らは思っています。

だから、後輩キャストにも「素晴らしいキャストに成長してほしい」という思いを持ち、ウォルト・ディズニーが自らを例えたミツバチのように、彼らも熱意を振りまき、周囲のキャストを刺激し、運営の質を向上させるために働きかけているのです。

実は、あなたのすべきことは、ディズニーのリーダー以上に難しいことかもしれません。なぜなら、ディズニーのリーダーたちはウォルト・ディズニーやパークのおかげで夢や目的がかなり鮮明だからです。

けれども、あなたとチームには夢や目的を教えてくれる人はいません。チームを代表して、夢や目的を描き、しっかりと掲げるのはあなたの役割です。

もちろん、それをメンバーに協力してもらい行うこともできます。それでも、最終的な決断を下すのはあなたなのです。

そして、夢や目的が明確になったなら、あなたはチームのミツバチとしてメンバーにあなたの熱意を振りまき、刺激し、働きかけることができます。

ミツバチ役もとても重要ですが、**夢や目的を設定することこそ、リーダーであるあなたにしかできない役割**であることを忘れないでください。

38 もし、イレギュラーな事態に直面したら……

●3・11のディズニーパークに学ぶ

あなたとメンバーの協働によって、チームは素晴らしいパフォーマンスを発揮するようになりました。

毎日の稼働がスムーズになり、個々のメンバーはリーチングアウト精神で補完し合い、みんながやる気十分に仕事に取り組み、成果も挙がっています。

そうなったとき、リーダーであるあなたは、この素晴らしいチーム状態を喜びつつも、**もう一歩先回りしておく**必要があります。

つまり、「これは平時のことである」と冷静に受け止め、通常のプロセスをはみ出したイレギュラーな事態が起きたとき、どのように対応すべきか、そこまで考えておくということです。

2011年3月11日、東日本大震災が起きました。

このとき、東京ディズニーリゾートを訪れていたゲストに対するキャストの対応はマスコミなどでも紹介され、多くの人から賞賛されるものでした。

地震が起きたとき、パーク内には7万人のゲストと1万人のキャストがいました。パレードの時間帯で多くのゲストがパレードルートにシートを広げて座っていましたが、そこに大きな揺れが続いて起きたことで、一瞬パニック状態になりかけます。

このとき、普段は流さない緊急アナウンスで地震情報を告げ、キャストたちは「施設から離れて広い場所でお待ちください」「頭を守って、その場にお座りになってお待ちください」とゲスト誘導を始めました。

建物のチェックを行うため、ゲストは外で待つことになりますが、あいにくの天候で雨が降り出し、寒さがゲストを襲います。

それに対し、ディズニー側からはカイロやマスク、お湯などの他、本来はゴミを入れるビニール袋や厨房で使うビニール手袋など寒さと雨対策になりそうなものが次々に配られました。

また、ショップでは商品のクッキーなどを箱や袋から出して1つずつにして配り、

「防災ずきんの代わりに」とぬいぐるみなどを無料で提供しました。

交通が麻痺《まひ》したために陸の孤島《ことう》となった東京ディズニーリゾートでは、建物のチェックが終了した夕方からゲストを建物内に誘導し、結局2万人のゲストがそのまま一晩を明かします。

このとき、寒さ対策や飲食の供給といった作業レベルでの奮闘だけでなく、「大丈夫ですよ！」と笑顔で励ますキャストの振る舞いがゲストを勇気付けたことはあまりに有名です。

●イレギュラー時の行動基準は平時と同じ

ところで、このような対応は大震災というイレギュラーな事態のために準備されていたことなのでしょうか。

マスコミ報道されたように、「施設単位ではのべで年間180回もの防災訓練を行っている」ので、被災時の対応はキャストに浸透していたはずです。

しかし、ビニール手袋やぬいぐるみを配ることまで決まっていたわけではありません。これらは、「ゲストの安全確保のためには商品であっても提供してよい」というルールに基づいて、キャストが個別判断で行ったことです。

注目すべきことは、イレギュラー時の行動のすべてが、（平時の）パーク運営の4つの行動基準「SCSE」（36ページ参照）に則って行われたということです。すべてに優先するのは最初のSであるSafety（安全）です。安全の確保のためならば、テーマショーに反するような「ビニール袋やビニール手袋をゲストに配る」ということもかまわないのです。

安全が確保されたら、Courtesy（礼儀正しさ）を発揮します。室内で一夜を明かしたゲストに、キャストたちが声かけしたのはその表れです。

さらに、Show（ショー）、Efficiency（効率）という順番で考え、行動します。

イレギュラーな事態の対策として、ディズニーのリーダーに学ぶ点はどのようなことでしょうか？

第一には、**平時の行動基準とイレギュラー時の行動基準は同じだということを、常々メンバーにインプットしておく**ということです（当然、平時の行動基準でイレギュラー時に対応可能との確認は必要)。

イレギュラーの発生は確率的には低いものです。そのときに、特別な行動基準を思い出すことは困難だからです。

第二に、この行動基準に合っているならば、メンバーの判断や行動はすべて「良し」とすることです。**彼らを信頼し、前線に立つ彼らへの権限委譲《けんげんいじょう》を明確に行います。**

第三に、**自分はバックアッパーとして、メンバーの行動を支える**ということです。指示するのではなく、裏側から支える、それがディズニー流のリーダーシップです。

39 チームが難題にチャレンジすることになったら……

●難題を楽しむ

良いチームには、大きな期待が寄せられます。大きな期待は、ときには「難題」と置き換《か》えられていることもあります。

しかし、怯《ひる》んではいけません。**難題であっても全力で取り組み、達成してこそ、チームは真の強さを持つことになる**のです。そして、達成できた喜びをチーム全員で共有することで、新たなモチベーションが生まれます。

もし、難題を達成できなかったときでも、下を向くことはありません。全員がチームとして最大のパフォーマンスをしてもなお届かなかったのであれば、「今回は届かなかった」という事実をしっかり認識すれば良いのです。

ただし、自分たちのパフォーマンスの分析を反省はしなければいけません。次回につなげるために、それは必要です。

ディズニーのリーダーは、難題に対して勇敢に取り組んでいます。というか、ワクワク感を持って難題を楽しんでいるようにも見えます。

新しいアトラクションなど施設のオープン、あるいはパレードなど大型エンターテイメントの導入は、それぞれがいくつもの困難を持っていますが、その準備から導入までネガティブな発想はなく、常にワクワク感を持ってチャレンジされています。

●「WE CAN DO IT!」から「WE DID IT!」へ

ディズニーのリーダーは、どのように難題に向き合うのか、東京ディズニーリゾートの30年以上にわたる歴史の中でも一番の難題であった、東京ディズニーランド開園にまつわる1つのエピソードを例にお話ししたいと思います。

1983年春の開園を控え、準備に明け暮れていた前年、社内に小ぶりながらユニークなポスターが貼り出されました。

建設中のミッキーマウスの像（大きな張りぼてのような仕様で、架空のものです）

をビジュアルにして「WE CAN DO IT!（私たちにはできる!）」とキャッチフレーズがありました。

アメリカから来ていた本家ディズニーの人たちが作成して貼り出したものです。「WE」は、彼らのことだけではなく、東京ディズニーランドを開園させるために働いている全員を指しています。つまり、「Chapter6」（149ページ）で取り上げた「東京ディズニーランド（ディズニーパーク）は1つのチームです」という思いが込められたポスターでした。

私自身が所属したディズニーユニバーシティで言えば、半年間で6500名の準社員キャスト の教育を実施するという課題がありました。

リクルーティングの歴史の中でも前代未聞の採用・教育計画であり、その行方に人事全体が一喜一憂する毎日だったのです。

ですから、プレオープン期間（開園前の1カ月間）を前に採用・教育が達成されたときは誰もが安堵しました。

そして、開園を迎えた日に、あのポスターのキャッチフレーズは「WE DID I

T！（やったぜ！）」に差し替わっていました。

もちろん、**ミッキーマウス像は完成して笑っていました。**

このとき、心の底からチームの勝利を感じたものです。

そして、自分たちは「東京ディズニーランドのオリジナル・キャストなのだ」という強烈な自負と誇りを感じました。

●「WE」で語る

このポスターの重要なポイントは、「ＹＯＵ」ではなく「ＷＥ」で語られていることです。

最終的に、そのメッセージは難題に取り組むキャスト個人の胸の中に取り込まれるのですが、「あなたにはできる！」と発するのではなく、「私たち」から入ることでチームの存在を際立《きわだ》たせています。

・「私たちはできるんだ！」→「あなたもその一員だよ！」

こういう関係付けです。

あなたのチームに置き換《か》えれば、次のような言い方が可能でしょう。

・「このチームで達成しよう！」→「あなたもその一員だよ！　期待しています！」

「ＷＥ」「私たち」「このチーム」を主語とする語りかけは、ディズニー流ではたいへん多用される方法です。

それは、この語りかけがチームを動かす力を持っているからです。

あなたのチームが難題を課せられたなら、そのときは、

「これは、このチームのチャンスだ！　このチームならできる！」

と胸を張ってメッセージしてください。

そして、達成したなら「このチームは最高だ！」とメンバー全員で喜びを分かち合いましょう。

【著者紹介】

志澤 秀一（しざわ・しゅういち）

株式会社文化計画 代表。1982年、埼玉大学卒業後、東京ディズニーランド開園準備中の株式会社オリエンタルランドに入社。人事部ユニバーシティ課にてキャスト教育のインストラクターとして、開園のための6000人以上のキャスト受け入れの一端を担う。その後、広告ＰＲ会社を経て独立。独自のＣＳ（お客様満足）＆ＥＳ（社員・スタッフ満足）論に基づきコンサルティングを行ってきた。大きなテーマとしているのは、「お客様に期待していただく」ことを起点とした“攻めのＣＳ”と、ＣＳとＥＳの連携を強化する“満足循環”である。レジャー開発、地域開発にも実績を持つ。著書には、『ディズニーに学ぶ満足循環力「お客様満足」＋「社員満足」の秘密』（学研新書）、『ディズニーランド 驚異のリピート力の秘密』『職場に奇蹟を起こす ディズニー流やる気マジック』（ぱる出版）などがある。

【監修者紹介】

德 源秀（とく・げんしゅう）

オフィス リコグニッション 代表。1982年、株式会社オリエンタルランドに入社。入社直後より、運営部「トゥモローランド」のスーパーバイザーとして開業準備に携わる。「アドベンチャーランド」のスーパーバイザーを経て、人事部ユニバーシティ課の教育担当となる。その後、教育部（現キャストディベロップメント部）マネージャーとしてオリエンタルランド社全体の人財教育を担当する。商品本部に異動後は、主に人財育成担当マネージャーとしてキャストの能力開発、モチベーション向上を通じてCS（お客様満足）、ES（社員・スタッフ満足）の向上に努める。退職後は、企業や団体のビジネスパーソンを対象とした教育プログラムの開発や社内の風土づくり、モチベーション向上など多面的なアプローチでセミナーや講演活動を行う。著書には、『ディズニー精神が教えてくれる心がつながる魔法』（ワニブックス）がある。

ディズニーで学んだ　人がグングン伸びる39の方法

2015年　10月27日　　第1刷発行

著　者　　志澤　秀一
監修者　　德　　源秀
発行者　　八谷　智範
発行所　　株式会社すばる舎リンケージ
〒170-0013　東京都豊島区東池袋3-9-7　東池袋織本ビル1階
TEL 03-6907-7827　FAX 03-6907-7877
http://www.subarusya-linkage.jp/
発売元　　株式会社すばる舎
〒170-0013　東京都豊島区東池袋3-9-7　東池袋織本ビル
TEL 03-3981-8651（代表）　03-3981-0767（営業部直通）
振替 00140-7-116563
http://www.subarusya.jp/
印　刷　　ベクトル印刷株式会社

落丁・乱丁本はお取り替えいたします

ISBN978-4-7991-0452-1